以色列格斗术基础

（全彩图解版）

[德]卡斯滕·德拉海姆（Carsten Draheim）　著

张沛　译

人民邮电出版社

北京

图书在版编目（CIP）数据

以色列格斗术基础：全彩图解版 / （德）卡斯滕·
德拉海姆（Carsten Draheim）著；张沛译. -- 北京：
人民邮电出版社，2018.6（2022.8重印）
ISBN 978-7-115-48298-3

Ⅰ. ①以… Ⅱ. ①卡… ②张… Ⅲ. ①格斗—基本知
识—以色列 Ⅳ. ①G85

中国版本图书馆CIP数据核字(2018)第080104号

版权声明

免责声明

本书中的信息针对成人受众，并且仅具娱乐价值。虽然本书中的所有建议都已经过事实检查，并在可能情况下进行过
现场测试，但大部分信息都具有推测性，并且要取决于实际情况。出版商和作者对任何错误或遗漏不承担任何责任，
并且对包括在这本书中的信息适用于所有个人、情况或目的不作任何明示或暗示的保证。在尝试这些页面中所列举的
任何活动之前，确保了解自己的局限，并充分研究所有相关风险。本书不打算取代来自生存、作战技术、武器操控、
备灾或任何其他领域的专家的专业意见。在使用本书中所提及的设备时，请务必遵循制造商的完整说明。如果设备制
造商不建议以书中所述方式使用设备，应该遵从制造商的建议。书中提及的某些设备和行为等，在不同地区受到不同
法律、法规限制，请务必遵守当地相关法律、法规。读者为自己的行为承担所有风险和责任，出版商和作者对此处所
提供信息可能导致的任何损失或任何一种损害（间接的、连带的、特殊的等）概不负责。

内 容 提 要

本书由德国著名的以色列格斗术培训师卡斯滕·德拉海姆创作，是他多年教学经验的总结和结晶。本书对以色列
格斗术的体系做了详细的介绍，而不是仅限于讲解具体的格斗技术。

书中首先介绍了以色列格斗术的历史和以色列格斗术的原则，然后详细阐释了如何成为一名优秀的以色列格斗术
教练，如何教授一节受欢迎的以色列格斗术课程，以及以色列格斗术的教学结构。此外，本书还对民用、军用、警用
以色列格斗术的基本技术及教学进行了讲解。

本书适合以色列格斗术爱好者及教练使用。

◆ 著 　　　　[德] 卡斯滕·德拉海姆（Carsten Draheim）

译 　　　　张 沛

责任编辑 　裴 倩

责任印制 　周昇亮

◆ 人民邮电出版社出版发行　　北京市丰台区成寿寺路 11 号

邮编 100164 　电子邮件 315@ptpress.com.cn

网址 http://www.ptpress.com.cn

北京虎彩文化传播有限公司印刷

◆ 开本：700×1000 1/16

印张：12.75 　　　　　　　　2018 年 6 月第 1 版

字数：157 千字 　　　　　　2022 年 8 月北京第 8 次印刷

著作权合同登记号 图字：01-2017-1477 号

定价：59.80 元

读者服务热线：(010)81055296　印装质量热线：(010)81055316
反盗版热线：(010)81055315
广告经营许可证：京东市监广登字 20170147 号

目录

致谢

感谢我的家人对我所有工作的大力支持，特别感谢他们对编写本书提供的帮助！

同时，也非常感谢我的好友兼导师塔米尔·吉拉德和尼克·海因对我的教导及支持。特别感谢海蒂·佩茨，她对于本书的出版具有重要意义，感谢迈克·迪尔的宝贵意见，感谢我的培训团队和以色列格斗术协会的学生们！

卡斯滕

前言

前言

塔米尔·吉拉德

卡斯滕所编写的这本书讲述了以色列格斗术的体系，书中所提供的指导说明与我的观念不谋而合。本书的每节内容都能使我受益匪浅。卡斯滕选用人们最容易理解的方式，对极其复杂的技法进行了讲解，方便人们学习在现实生活中遇到最危急的情况时，即当你的生命或亲友的生命受到威胁时，应当如何自我防卫和应对危险。

以色列格斗术建立在自然条件反射和本能反应的基础之上。但是，如何将这种本能反应代入到课程当中呢？一名好的以色列格斗术教练应具备哪些素养？我所认识的最优秀的教练卡斯滕将在本书中给出答案，特别是关于如何学习和教授自我防卫课程。

作为以色列格斗术考试委员会的负责人，我曾亲自前往世界各地对教练们进行教学，以确保以色列格斗术的质量。在此期间，在2010年，我在讲授教练课程时遇见了卡斯滕·德拉海姆。我对他的热情、积极的态度以及他授课的方式感到十分惊奇：他的脸上随时挂着微笑，他喜爱并享受这份事业。从最开始的规模极小的以色列格斗术俱乐部，到现在卡斯滕已经拥有了欧洲最大的以色列格斗术学校，共有1,700余名会员。

他了解如何通过处理人们在正当防卫的情形下所面临的问题来增强他们的能力。因此，他不仅专注于技术，还专注于解决方案。

此外，卡斯滕这位世界顶尖的以色列格斗术教练还向德国武装部队和警察特种部队提供训练服务。在此期间，他在以色列格斗术的军用和执法领域积累了更多的专业技能。

我出生于以色列的海法，曾在以色列国防军（IDF）炮兵团服役，当时，我负责管理一个拥有70名士兵的部队。1987年，我第一次接触以色列格斗术，并认识了埃亚勒·亚尼洛夫。如今，我已是一名专业的以色列格斗术5级教练，这也是以色列格斗术的最高等级，而且我正在世界各地对各个级别的拥有民事、执法和军事背景的以色列格斗术教练们进行辅导，以提升他们的执教水平。

我在以色列国防军就职之前，曾经和前以色列综合格斗冠军雷尼·考辛斯基共同教授不同类型的武术，例如泰拳。作为一名枪械教练，我还与以色列顶尖的射击教练和优秀的安全专业人员合作过。我的目的是在全球范围内培养以色列格斗术专家。

要精通以色列格斗术，充分了解以色列格斗术精神和心态是非常重要的。卡斯滕在民用、儿童、执法、特警和军事部门方面的专业知识对此十分有帮助。他的书深入讲解了什么是以色列格斗术，并对以色列格斗术的体系进行了恰当的说明，能够帮助各个群体对以色列格斗术加深理解。我们不仅仅是教学，而是将它运用到实际生活当中。卡斯滕不仅是我的学生，还成为了我的挚友。只要有时间，我们就在一起训练。

祝愿卡斯滕的书能使他更为成功，也祝愿作为读者的你能够更加投入到以色列格斗术的课程和以色列格斗术的练习中来。同时，希望你能够理解并运用以色列格斗术的口号，实现我们最终的愿望——"每个人都能够安全地外出散步"。

尼克·海因

提到自我防卫，我的脑海中有两个概念：一是能够摆脱极端情况使自身免受伤害的娴熟的技巧，二是对于情形的掌控。作为一名之前以警察为职业的人，我十分欣赏这些技巧和能力。此外，我意识到学习自我防卫在当前是一种流行趋势，也因此在一些校园中有很多充当内行的行骗者。他们认为可以利用人们的不安全感和恐惧心理赚取利益。特别是年轻人，仅仅是受到想要变得强大的本能所驱使。通常来说，变得更有男子气概是男性DNA所赋予的本能，这么说是因为我几乎把自己的全部都奉献给了男子气概。

我叫尼克·海因，是一名32岁的丈夫和父亲。我之前在警察局工作，但实际上我是一个名副其实的健身男子。我在6岁时便对柔道产生了浓厚的兴趣。当时，我想要成为全世界最强大的孩子。尽管这种想法听起来有些幼稚，但它在我的心中深深地扎了根。为此，我承受着高强度运动和学业考试的双重压力。我想成为柔道世界冠军，我的未来及以后的工作选择都是围绕这一目的进行考虑的。后来，我进入了德国国家柔道队，并在多年之中获得了许多国家级和国际冠军（德国冠军、欧洲冠军、世界冠军）。经历了一些转折后，我有了新的目标。这个目标更为"极端"——混合武术，它也被称作自由搏击或笼中格斗。11年之后，我辞去了警察的工作，放弃了铁饭碗，将所有精力投入到世界八角格斗，即UFC，终极格斗锦标赛。

自我防卫并不是体育运动。它没有公平、规则和保护对手的概念。它只关乎使攻击者无法攻击，无论对手是谁。

在一堂好的以色列格斗术课程中就可以学习到这一概念，并且是在面临多名攻击者而非一名攻击者的情况下。

卡斯滕的这本书讲述了如何建立起这样一堂课：如何能让人们在真正高度紧张的战斗情形下训练演习，尤其是应当能够接近完美地进行现实中的自我防卫。

　　卡斯滕的以色列格斗术技巧着重于在对练中进行高压训练。其中有许多专业的自我防卫培训师和现场培训师，专注于紧急情况下的实战体系。一有时间，我就尝试参加这些培训师的讲习班和培训课程。我坐下来专注地欣赏，就如同我6岁时上柔道课一般。学习永远不会终止，我知道自己没有机会成为武术家，特别是在自我防卫领域涉及武装对战的时候。我始终明白这一事实，并且正在努力改善自己，而卡斯滕的书在这方面给予了我很大的帮助。

　　我建议学习自我防卫或者报名参加以色列格斗术学校的每一个人，无论是在正规的还是非正规的学校，都要以认真和客观的心态进行练习，并快速地进行理解。这本书不仅可以作为你的辅助"教练"，还能指导你拥有良好而正确的认知，它将对你有很大的帮助。

　　大家都应当意识到，会员费和高额的奖励无法在现实中保护你。这便是卡斯滕编写这本书的目的。这本书能够打开你的视野，使你了解最新的自我防卫体系，从而建立要有正确心态的意识。我和卡斯滕共同开展过多次研讨会，特别是针对女性的自我防卫，每次都令我感到相当惊讶，他总能用他聪慧的头脑唤醒学生们，使她们产生正确的意识，从而促使她们在压力之下做出正确的举动。这本书包含许多此类内容，绝对值得一读。

　　我相信格斗项目和自我防卫在某些方面是十分相似的，这两个领域汇集了许多志同道合的人。它们不仅可以影响人的生活方式，还能改变人的思维模式。我认为，自我防卫教练们，特别是与以色列格斗术体系相关的教练们，都将变得越来越全面。参与卡斯滕的研讨会和阅读他的书，都使我受益匪浅。

　　望继续前进！

以色列格斗术的历史及以色列格斗术协会

1

以色列格斗术的历史及以色列格斗术协会

　　以色列格斗术的创始人伊姆里奇·利奇滕费尔德（以下简称"伊米"），于1910年出生在匈牙利的布达佩斯。他的父亲热衷于参加摔跤和拳击比赛，受到父亲的影响，伊米年轻时就成了一名多才多艺的运动员。18岁时，伊米就赢得了摔跤锦标赛和几场拳击赛的冠军。伊米的父亲塞缪尔是一名优秀运动员，他在年轻时加入了一个巡游马戏团，后来为摔跤手和举重运动员们开办了一个体能运动学院。同时，塞缪尔也曾担任市警局局长，他通过常规拳击运动和柔道技术，定期对警员进行自我防卫培训。虽然那时伊米还是一个孩子，但他也参加了这些培训课程，并在这些运动的许多方面从父亲那里获得了额外的指导。他参加过无数次的比赛，被公认为欧洲最优秀的摔跤手之一。

　　伊米的初始方法是将所有已知的战斗技术（如泰拳、拳击、柔道和巴西柔术）当中的技巧与天生的人类本能和反应相结合。

图1　亚龙·利希滕斯坦

　　伊米不会直接告诉士兵们应该怎么做，而是在压力下试探他们的本能反应。基于这些本能反应以及他在巷战中的经验，他发明了相应的自我防卫技术，训练重点是应对紧急情况。伊米在部队服役了大约20年，主要从事自主研究和提高自我防卫的近身格斗方法。在此期间，伊米亲自投入到以色列的特种部队士兵之中进行训练，他的许多学生后来都成为以色列格斗术的教练。

　　如今，以色列格斗术仍在不断发展。以色列格斗术的体系必须适应人们现代生活的要求和条件，这是前提所在。

重要的是，在压力下的所有技巧都需要遵循天生的人类行为模式和动作。

这也是以色列格斗术的速度往往令人感到不可思议的原因。由于所有的技巧都与本能和天生的动作相联系，因此它的反应时间要比许多其他的自卫手段快得多。

此外，伊米总是确保学习以色列格斗术的学生们保持积极进取的精神。

伊米在20世纪60年代中期服役之后，致力于根据警察和普通平民的需要来调整自己的体系。他成立了两个培训中心，一个在特拉维夫，另一个在他的新家乡内坦亚。20世纪70年代初，伊米首次开展了专门针对训练员和教练的非军事以色列格斗术课程。此后，伊米发明的自我防卫方法和格斗术一直在世界各地传播。

为了给该自我防卫体系的日益普及提供适当的平台，伊米成立了一个非营利性质的以色列格斗术组织。因此，以色列格斗术协会（IKMA）成立了，该协会于1977年被以色列政府正式承认。伊米被IKMA的成员推举为协会会长。随着年龄的增长，他逐渐退出了IKMA的领导层。伊莱·阿维克是伊米所创体系的第一个黑带，他创立了Krav Magen；海姆·扎特成立了Krav Magen联合会。1995年12月，一些黑带和伊米的学生们，包括阿维·穆亚尔、戈比·诺亚、埃亚勒·亚尼洛夫和伊莱·本阿米共同成立了国际以色列格斗术联盟（IKMF），目的是在除了以色列之外的国家对以色列格斗术进行普及。伊米对这个新方向表示出积极的态度，他支持这些机构，因为他认为最重要的是为人们提供自我防卫和自我保护的方法，而非追求个人目标。

如今，埃亚勒·亚尼洛夫离开了由阿维·穆亚尔经营的IKMF，并成立了自己的组织——以色列格斗术俱乐部（KMG）。戈比·诺亚成立了国际以色列格斗术协会（IKM）。它们是世界上最大的以色列格斗术组织，主要向政府、军事单位、安全部门、保镖及平民传授以色列格斗术。以色列格斗术体系一再经过测试，确定了其优秀的实战适用性。特别是在专业环境（如警察、军事、安保）中的运用，其结果和反馈使以色列格斗术成为解决冲突的最实用的体系之一。IKMF对全世界的以色列格斗术训练和继续教育进行指导，它的指导团队是由塔米尔·吉拉德领导的以色列格斗术专家。

伊米·利奇滕费尔德一直亲自督导着优秀的以色列格斗术毕业生不断地练习、表演和进步。1998年伊米离世，终年87岁。伊米务实的行动和他的经验对以色列格斗术体系产生了重大影响，他一生都致力于改善和优化以色列格斗术，特别是民用格斗术。

伊米离世后，随着以色列格斗术的不断普及，前军事教官们利用他们的武术背景及自身的见解、技巧以及战术策略，纷纷建立起自己的教学组织，以满足平民学习以色列格斗术的需求。因此，在除以色列之外的许多地方，开始成立起各种各样的团体和协会，而它们通常与以色列的教练员几乎没有接触。

这就是为什么今天外行人在寻找合适的以色列格斗术学校时会感到有些不透明；大家都声称拥有唯一真正的或唯一现代的以色列格斗术体系，不论其是否真正遵循以色列格斗术的基本原理。

但是，正是这种势头极大地促进了以色列格斗术在全球范围的传播。虽然方法、技巧不同，但教学课程应当是大致相同的，因为以色列格斗术的自我防卫必须在压力、本能反应和易学易用中生效。

以色列格斗术体系在不断地更新发展，以适应世界各地最新且不断增加的侵略和威胁。与其他自我防卫或格斗运动相反，以色列格斗术不仅以优雅、美观和流畅为特征，还采用了易于上手的技巧。这些技术都是在压力下使用的，必须建立在自然本能反应和行为的基础之上，因为无论发生什么事情，放弃绝不是一种好的选择。

2005年，卡斯滕·德拉海姆在他自己的实地战斗训练期间注意到，隔壁健身房中仅有几个人在学习以色列格斗术课程。那时候，以色列格斗术在德国不是很有名，尽管卡斯滕在13岁时就练习过跆拳道，他那时就已经练习了好几年由李小龙所发明的截拳道自我防卫体系，同时他也练习过巴西的实地战斗运动——巴西式摔跤，然而，以色列格斗术体系的简易性以及在课堂上向学生教授时的有趣方式深深吸引了他。短短几个月后，他就完全投入到了以色列格斗术之中，几乎每天都在练习。应训练伙伴的要求，卡斯滕开始在他的车库里对朋友们进行以色列格斗术的指导，他的车库里配备有床垫、盾牌、行李箱以及一些基础设施。

图2　第一个车库训练场所、第一个大型训练场地、第一个训练健身房

在此期间，一些人总是会到卡斯滕的车库和后院进行练习。卡斯滕在通过塔米尔·吉拉德的官方以色列格斗术教练培训之前，就学会了把自已

的知识传授给别人。多年来，卡斯滕在以色列格斗术中不断取得进步，并教授了民事、执法、儿童和特警防卫方面的课程。

图3　卡斯滕与他的以色列教练伊斯雷尔·科恩、阿姆农·达萨、塔米尔·吉拉德和阿维·穆亚尔

　　卡斯滕在德国联邦调查局完成了以色列格斗术培训课程，他是一群警察中唯一的平民。在此期间，他还有权进入通常只对政府和军事特种部队进行培训而开放的禁区。当时，卡斯滕是一名受到高度认可的以色列格斗术专家，是最大的国际以色列格斗术协会的军事主任。目前他正在经营一个以色列格斗术协会，目的是进一步巩固和扩大以色列格斗术体系——这样一个标准的近身格斗训练项目的影响力。

　　此外，卡斯滕是德国国防部的官方密切作战指导员，并为德国武装力量的成员定期举办培训班。

　　他目前还与国际上的执法机关、消防部门、紧急医疗服务机构和其他专业人士进行合作，并定期同政府的行动教练一起进行指导培训。

图4   以色列格斗术的指导不受天气条件或地点的限制

卡斯滕还在平民中对男子、女子和少年儿童进行以色列格斗术自我防卫指导。

为此，他成立了以色列格斗术学校，目前在德国和荷兰有7个独立的办事处。该学校共有1,700余名学生，每年会成立1,000多个培训组，并拥有超过2,000平方米的以色列格斗术训练场。卡斯滕的以色列格斗术学校已经从他的车库发展成为目前最大的自我防卫体系训练场所。

卡斯滕最欣赏以色列格斗术的一点就是，它是任何人都可以学习的防卫手段，只要成功运用就能抵御攻击。他的女儿莉娅（5岁）已经参加了以色列格斗术课程，仅2岁的小儿子克里斯也参加了培训。

卡斯滕将他所学的精华都凝聚到了这本书之中，目的是发扬以色列格斗术，并将这本书作为备课的指南。

图5　以色列格斗术的军事操练

以色列格斗术的原则

前言

2

以色列格斗术的原则

　　以色列格斗术培训的不是复杂的技术，而是强调简单和通用的原则。其所有的技术对于每个人来说都应当是简单易学的，它是在压力之下应运而生的，并建立在人类反应的自然行为和本能之上。

　　专注于这些简单的原则，可以使训练更具灵活性，并拥有更多的技巧选择。在以色列格斗术培训期间，培训的重点往往是锻炼个人，它的重心是人而非格斗术体系。

　　在以色列，相关组织会根据以色列格斗术的级别对训练者授予"带"或"级别章"，这种机制使以色列格斗术有时会被错误地归类为武术。然而事实上，它的目标和做法往往与竞争性运动相反。

以色列格斗术的基础与其他格斗术是不同的。它是一个灵活而开放的体系。它在不断地变化，而且它会根据不同的民用、军事和执法环境，针对专业训练者的日常经验进行灵活变通。它是当前和现代威胁情境下的即时解决方案。它教授简单的原则和策略，而不是复杂的技术。

相比之下，格斗运动大部分是由传统武术发展而来的。有时候，它们会限制力度，并且需要采取一些保护措施来保护运动员，并会通过增添运动规则来实行进一步的限制。基于"运动"这一概念，它们会在一定程度上禁止使用某些战术，例如针对裆部或小关节的战术，以及抓咬、踢打等方式。即使是在综合格斗中，也是在受限的环境中进行的。

而以色列格斗术则与之相反。在以色列格斗术的练习中，需要意识到在实际威胁中没有规则可言，训练原则也没有精神上的限制。但这并不意味着培训过程中没有必要的安全措施。相反，以色列格斗术的特殊教学方法能够使人以可控的方式处理恐惧和危险，并能够使个人把控自己的行为。所以，战斗者会有更多的选择，而不是被局限。与竞技体育相反，以色列格斗术的座右铭是"不公平"，比如说，对于一名拳击手，不只使用拳击的方法；也就是说，不会顺应对手来采取搏击风格，而是反其道而行之。

在以色列格斗术训练中，不要浪费每一次踢打、攻击或拦截。每次的踢打和攻击都应当着重于容易受伤害的部位，例如身体的中心，如鼻子、腹腔、裆部和膝盖骨。就像防守一样，每个人一定有优先部位的考虑。例如，当有人用铁杆攻击你时，你的首要任务是不被击打到，其次是防止对手继续攻击。

图6   外侧防御—360°外侧防御

    坚决反对柔和对抗的原则并不适用于所有以色列格斗术的进攻与防守情景。它与格斗风格无关，因为以色列格斗术的格斗风格既不是强硬的，也不是柔和的，它是根据攻击的类型来进行调整的。这是关于作为一名防卫者能够如何反击的问题。

    例如，当一次强硬的快速打击从外侧袭来时，我会以360°的外侧防御来阻挡它，这将在下面的章节中进行阐述。在进行防御时，我的手臂向外移动，手掌打开，手部边缘稍微向着攻击方向移动，头部则旋转到一边。我使用前臂的外侧来阻挡外侧的袭击（阻挡），同时，我也触碰到了对方的肌肉。这时，我紧绷而强硬的部位击中对方。在强硬对抗对方的同时，迅速用另一只手攻击对方。但是，如果此时对方采用的不是击打，而是使用像铁杆之类的硬物，那么就要当心，切勿用身体的坚硬部位去抵挡硬物。在这种情况下，我会采用规避动作，或运用手臂（肌肉）的柔软部位将其向前移动以进行防卫。为了不使骨头受伤，更为理想的方式是尝试用肌肉来使冲击力减小（即软碰硬）。在这种情况下，我用自己的手臂进行防御，同时保护身体，这也就是我们接下来的原则：手部防御和身体防御等于完全防御。这在以色列格斗术中被称为"200%防御"。

我可以用手部动作抵挡许多袭击，或者我可以通过移动我的身体、我的上半身，甚至是我的头部，来规避它们。但是，为了更好地保障自身安全，最好同时对两者进行训练。换句话说，要保持外侧防御，我不仅要能够抵挡对方的赤手空拳，也要在对方手里持有刀具或瓶子之类的工具时进行自我保护。因此，当我在进行防御时，也要将身体移出危险区域。

如果我无法阻止对方进行持续攻击，那么最好的防卫方式是什么？在这种情况下，最重要的是要打断他的行动，这也是为什么在以色列格斗术中防卫即是攻击，或者说你在防卫的同时也在进行回击。依然使用外侧防御的例子，当我使用手臂的强硬部位对抗对方的肌肉，并将身体从危险区域移开时，运用另一只手来攻击对方。

图7 避开攻击（即进行反击）同时也是一种攻击，不论是用手还是用工具。图中是采用冷兵器作为一般工具

　　作为一名防卫者，我试图在两步之内将攻击者固定住，以防止他重复动作进而继续对我进行攻击。同时，我会使自己从攻击范围内脱离开来，这里就涉及下一个原则：战术行为。由于此处的重点不仅仅是攻击时的战术行为，而是攻击前后的状况，因此对战术行为将在后文中进行更详细的描述。在受到攻击时，我们的座右铭是"逃跑或战斗，千万不要发愣!"因此，根据距离、方向和角度，我问自己：我可以逃跑吗？如果可以的话，那么我会逃跑；但如果情况不允许，我将以任何可能的方式进行战斗。在理想情况下，我会借助于可以用来抵御攻击或保护自己的物体。在打斗的过程中，我试着采用战术思考，也就是我应如何完全避开攻击范围（例如在有多名对手的情况下），以及我的处理模式是什么：我是逃跑还是进行战斗？但在这种情况下是无法进行长时间思考的。

　　感到害怕也好，考虑使用哪种技术也好，愣神都是不可取的。因此，人为压力是以色列格斗术训练中非常重要的一个环节。永不放弃的原则尤其适用于实践中。

　　遵守这些原则，需要学习以色列格斗术的学生们在实践中不断重复。但这是否违背了第一项原则，即所有的技巧都应直接建立在自然本能反应的基础之上呢？不，因为本能反应也可以通过定期训练来进行加强。在此，我们参考外侧防御的例子。例如，当你遭受攻击时，会本能地朝相反方向移动，或者本能地避开攻击，并举起手臂进行防御。以色列格斗术则是利用这种本能的身体条件反射，并根据这种直觉动作进行延伸的。当然，运用正确的组合和恰当的技巧进行反复练习是十分必要的，同时，也要训练在成功防守后正确地做出反应，即逃跑或准备下一步的战斗行动。

图8　在成功防守后，检查周围环境

仔细地审视周围的环境，以寻找合适的逃生途径，或观察有无额外的攻击者。

"训练中出汗越多，战斗中流血越少。"

以色列格斗术并不是一种健身体系，尽管它有着不同的演变类型（如"以色列格斗术综合健身"），而且也存在着一些地域差异。它与武术的各种演变类型相似，如搏击操与跆拳道或健身拳击。举例来说，在美国，以色列格斗术通常作为一种健身方式，而不是自我防卫的方式。但这并不是以色列格斗术的起源。

当然，不是只有士兵才需要健身，在以色列格斗术的民训课程中，健身也是一个重要的组成部分。

然而这并不违背"任何人都可以学习以色列格斗术"的说法，因为不是人人都需要做在战斗中获得生存的胜利者。以色列格斗术可以用于对付酒鬼，也可以用于对付暴徒或流氓、黑社会。但是必要的健身会为你提供很好的先决条件，例如，在能够逃跑的情况下，还是不可避免地进入战斗，就因为你缺乏快速移动的能力。下面我们进入正题。在真正的战斗中，往往仅需几秒钟的时间就能够决定胜负，那么为什么要坚持保持耐力或健身呢？因为它可以保证我们基本的身体协调能力。

再以外侧防御为例。对于大多数人而言，在防守时举起手臂，然后将身体朝相反的方向移动，再使用另一只手来攻击对方，这并不困难。大多数人都能够成功完成这套动作，至少能保证动作的连贯性。但在真正进行防守时却不那么简单了，它需要同时协调地做出三个动作。因此，进行手臂和腿部的协调练习（开合跳）是训练这套动作的好方法。

强度练习也是一种模拟人为压力的好方法。在以色列格斗术中，我们必须激发处于真正的威胁或战斗情景下的狭窄视野（隧道视野）和肾上腺素。

这种练习也可以作为以色列格斗术培训组的热身运动。另一个重要的方面是，在希伯来语称作Retzev的战斗中，自身的行为、动作要积极而系统地延续。以色列格斗术的目的是发展这种持续的攻击，从而形成长久的战斗流程。当我被迫进入战斗时，在战斗结束之前我都不会停下来。这在民用以色列格斗术中也适用于逃跑。

一般来说，以色列格斗术的目标是将自己逼到绝境，不留一丝空间。出于战术原因，在运用以色列格斗术期间，防卫者在理想情况下绕对手180° 移动（仅有一名来自前方的攻击者，没有空间限制）。他离开了攻击范围，因此将自己置身于攻击前对方看不到的一侧。

当防卫者使自己移动到攻击者的肩部位置或攻击者背后这种更加理想的位置时，就处在了所谓的攻击者的死角。这时，攻击者就很难用他的胳膊和腿继续进行攻击。因此，要尽快结束战斗，防卫者的目标就是移动到攻击者的死角。当然，这种规则适用于特定情况，因为攻击类型不同，实际上很少有机会能够移动到对手的死角。

假设对方右手拿刀向我刺来，我首先会采用抵挡的姿态，用上方的一只手将其挡开，这时我与之正面交锋，在这种情况下，我就很难有机会接近对方的死角。但是与其他的格斗运动不同，如果对方用左手进行攻击或刀刺，我仍然不会变换自己的位置，因为这样做太费时了，我没有必要将自己暴露在危险之中。因此，我仍然会用左手来防御攻击，而这时，我就会处于攻击者的正前方，也就是暴露侧。

当攻击者处于防卫者的前方，并可以持续使用手部或腿部进行攻击时，防卫者就处在了暴露侧。尽管这时防卫者位于攻击者的正前方，并且可能会比在死角更为快速有效地接近对方的薄弱点，但这仍然被认为是一个劣势。以这种方式来进行攻击，从战术上讲并不是明智之举。因此，无论何种情况下，暴露侧都被认为是更糟糕的一侧，也是应当避免的位置。

以色列格斗术的基本原则

压力下的简单反应	建立在本能反应和动作之上
不公平性	自我防卫不是一项格斗运动
不是一个固定的体系	不断地发展和完善

只攻击弱点	
以柔克刚	以软对硬
硬点防御和身体防御=	完全防御

先防御，再还击	
战术心态	逃跑或战斗，千万不要发愣
使用一般工具	使用一切能够使用的东西，特别是工具

总而言之，以色列格斗术的特点是本能反应和最简单的技巧，以及反复练习后所做出的正确反应（特别是在压力之下）。定期的以色列格斗术训练旨在从根本上提高自身的防守技能。由于以色列格斗术的原则简单，因此涌现出了许多不同的组织机构，所流传的以色列格斗术也不尽相同。它们的技巧差异很大，这便是我不专注于个人技巧而强调以色列格斗术训练的基本原则的原因。

迈克·迪尔提问

使用枪械或是在垫子上进行战术训练，究竟锻炼的是什么？

处在紧急情况下时，只有一个目标：

通过运用自己所学到的东西，结束与一个或多个对手的抗衡，最好做到不受伤害地离开现场。

这才是重中之重！

战术训练是分类体系的一部分，我们必须分清实战培训当中的四个要点：

▶ 心态（有意识的态度和意志力）；

▶ 策略；

▶ 技巧与技术；

▶ 工具。

我现在将严格地把重点放在战术训练指导中最重要也是最困难的部分：心态。

它是一个抽象的训练部分，但它能够决定成功与失败！而有一点是肯定的：正如前面所讲，因为它是困难而抽象的，故它也常常被忽视。

心态可以分为以下几种：

▶ 认知能力；

▶ 自我调节；

▶ 了解战斗及在战斗中身心可能产生的后果和影响。

细节问题无法进行深入讲解：谁知道在战斗或格斗中身体和心灵会发生什么？

人类已有数百万年的狩猎和采集历史，我们在战斗中的反应与祖先的反应是类似的，毕竟他们曾与剑齿虎进行过斗争。

人体都会释放肾上腺素，它会对我们产生化学和生物学的作用。阅读这本书的人都会熟悉这些反应。

但有多少人听说过生存压力反应（SSR）呢？

在战斗中，任何不确定的情况下，人的脉率可以在零点几秒内上升到220，在此过程中，可能会产生以下情况。

脉率值为115次/分时，我们会失去敏锐的运动能力，只能做出一些较大幅度的动作。与演练时的心态大不相同，一些在平时练习较少的格斗术技巧也将瞬间忘记！

脉率值为140次/分时，大脑的听觉部分会受阻。这在战斗中是致命的。我的同伴在做什么？他试图提醒我什么吗？这些都只能靠眼睛看！

脉率值为170次/分时，我们会感到非常不安。视野会下降70%（隧道视野），这意味着我们仅剩下30%的视野，并且无法注意到眼前的情况。这时，我们既无法使用瞄准器射击，也无法对对手使用精细的技巧。

而当脉率值达到195次/分时，我们已经无法左右自己的行为了，我们会崩溃而倒地。我们可能会尖叫、哭泣，近乎丧失理智。

那我们该怎么办呢？

进行更多的实战演练，锻炼自己的心态！不要去想我们是否处在战斗中，而要随时假定我们就处在战斗中！

实战演练就是不断熟悉的过程，它意味着了解并能掌握练习的顺序，其中有一个最重要的要点是：

你的脉率保持在115~140次/分，你就可以在整场战斗中保持良好的控制。

时刻牢记这一点，积极、努力并认真地进行练习，因为它不是一场游戏！

如何成为一名优秀的以色列格斗术教练

3

如何成为一名优秀的以色列格斗术教练

图9　以色列格斗术教练在现场仔细观察并进行陪练

首先，一名合格的以色列格斗术教练必须接受过良好的培训，这不仅包含技术方面，技术仅仅是基础知识。在此，我不评价各培训机构或协会所提供的培训好与不好。实际上，由于以色列格斗术没有商标的概念，因此任何人都有权声称自己拥有最前卫的以色列格斗术技巧，并借此进行广告宣传。

一名合格的教练应当或多或少地具备一些格斗运动经验。

所以，他可能曾经做过武术家，或仍是一名武术家，但却不会囿于当前所处的行业，而是进行拓展思考，因此他会更加注重解决方案而非技术。如果一名教练能够做到这一点，那么他也就能够明确什么是好的训练、什么是不好的训练。此外，他需要具备一定的生活经验，或成功处理过几次真正的威胁或攻击情况，无论是职业的还是个人的，因为无论以哪种视角来看，这些都是书本上无法学到的知识。

一名好的教练同时也是一名优秀的格斗者，但他还应当是一名更好的老师。我曾亲自教导过一些非常出色的格斗者，对我来说，他们是勇猛的健将：他们在早上起床后就直奔健身房，下午再到足球场进行练习，晚上积极地巩固技能，他们将所有的时间都投入到了运动当中；还有一些是顶级MMA联赛中的出色选手。但不足的是，他们大多数人都无法将自己的知识传授给课堂上具有较大差异的学生们。

因此，一名合格的以色列格斗术教练需要兼具格斗者和老师两种身份。好的教练会为学生们树立榜样，懂得以身作则。他不会在自身未做好充分准备的情况下对学生提出各种要求；在训练时，他总是最先开始和最后结束。虽然他不是超人，但却要具备坚持不懈的良好品质。他是一名运动员。此外，我认为教练还需要有能力在紧急情况下保护自己和他人，最好是曾经有过这样的经验。他对不同情况和不同人格要具备适应性，能够管理和教导课堂上的学生。

最重要的是，一名合格的教练能够通过自己的以色列格斗术训练不断提升自己，并保持开放的态度。停滞不前的人无法持续地对他人进行指导。最后，一名合格的教练还应当拥有良好的形象，应当值得信赖，上课时要有真诚的态度和良好的风度。

此外，合格的以色列格斗术教练有一条经验准则：

"当你不能做动作的时候就用语言表达，而当你不能用语言表达时，就用动作来演示。"

以上就是一名合格的以色列格斗术教练应具备的几点要素。然而，这几点要素使优秀的教练人数大大减少了。德国的许多以色列格斗术组织机构与协会之间竞争激烈；此外，还有许多雄心勃勃的个体机构宣称自己拥有"独家"的以色列格斗术，或是称自己拥有"最强版本"，并想要对其进行推销。

因此，在寻找一所优秀的以色列格斗术学校时，学生们常常会遇到许多名不副实的自称是业内大师甚至欧洲冠军的人。

再让我们回到之前的问题上：什么是以色列格斗术？它是一个基于自然条件反射和行为的简单体系。它需要教练能够提供专业和客观的培训，并使其适应学生的要求和知识水平；同时，教练要了解在其不在的情况下，学生可能产生怎样的结果（即在实战中，教练可能不在他们身边）。

3.1   教师的教学辅助工具

谈吐	清晰明确，言简意赅。不要让学生感到无趣或思考太久
热情	学生会跟着你的节奏！鼓励他们，并进行互动
动作	进行动作演示并展示技术。激发学生们的兴趣
沟通	与学生进行眼神或口头交流，倾听他们的意见
观察	时常观察学生，必要时进行纠正
知识	在课堂上传授你的知识，因为这正是学生所需要的；提前做好准备
团队管理	通过你的语言和动作交流来管理整个团队，同时也要充满热情。经常观察学生。当某一项技巧多次失败时，通常原因在于攻击者，也就说明攻击方式不正确。举一个例子，当使用棍子从上方（头顶上方）攻击时，只有当攻击者真正试图用棒击打对方头部时，防御才起作用。许多没有经验的学生故意错开头部进行攻击，以避免伤害到训练伙伴，但这样会导致防守动作不起作用

3.2   以色列格斗术教练的站位

教练员的正确站位是保证良好的团队管理和教学效果的关键。以色列格斗术教练在对学生进行讲解时，必须对动作进行重复。这里重要的是要保持直接的眼神接触！

图 10   教练员在课堂上的站位

学生的 3 种典型问题和教练可能的反应

相关问题	进行解答
不相关的问题	如果回答得太长而会拖堂，那就稍后再回答
挑衅等不良问题	明确谁是班上的负责人

解决纷争或紧急情况

有些学生想要挑战教练。部分学生只需要教练轻轻点拨即可，而有一部分学生却想要反复考验教练，要求教练不断重复。因此，一些学生会故意找茬。此外，在课堂或讲习班内，有时会有一些试听参与者，他们可能会展示一些不同的格斗运动，或对别人进行教学，想要向自己或他人证明自己所展示的是更好的以色列格斗术风格。通常这些人在开始时不会表现出来，所以即使是对经验丰富的教练而言，这也会成为课堂上一个重大的甚至是具有威胁性的问题。

因此，一名好的教练要能够提前采取预防措施，以减少发生意外事件的可能性，同时始终为此做好准备。这叫"提高警觉"，在军事术语中叫作"战备"，我们将在稍后的策略讲解中进行详细阐述。

我讲一件自己在培训时亲身经历过的事情。培训之前，我反复地查看课程计划，为这场大约有30名学生的常规以色列格斗术课程做准备。课堂上有3个新面孔，没有人认识他们。他们一同参加了示范课，其中一位吹嘘说自己练习了20年的柔道。上课过程中一切顺利，他们3位都表现良好，并且非常有礼貌。课程结束后，大多数学生都已经洗澡并换好衣服，我的高级学生组织了以色列格斗术对练活动，我们称之为"搏击俱乐部"。通常，对练活动由3~5组对手构成。在第8章中我会对这种对练活动进行详细描述。

那名柔道运动员也参与了这项活动，他站在垫子的边缘，我站在他身旁对防卫者进行提示。他随口问我，是否可以对对手使用擒抱。我回答说："当然。如果可以的话，你可以采取任何手段。"说完，我转身面对垫子。这时，他突然扑向我，试图让我陷入僵局。我用眼角的余光瞥见，右手下意识地做了一个向后打的动作，正好打在他的脸上。他瞬间被击溃，捂住眼睛，眼睛下方形成了很大的血疱和瘀伤。他向他的朋友们大喊我打了他，当然，场馆里的每个人都已经注意到了。

我耸了耸肩，转身向垫子走去。我以为事情会到此为止。但我想错了，他又一次扑向了我，而这次我的反应不够快。他把我扑倒在垫子上，并试图骑在我身上。我用力把他拉下来并咬了他的耳朵。这时，他眼睛下方的血疱爆裂，血水喷了出来。我跳起来，他在地上滚来滚去，大叫："这不公平！"

这时，整个场馆的以色列格斗术学生都笑了起来。这就是以色列格斗术！但他仍不甘心，开始在地上踢我，而我不会再那么粗心了。他的同伴将他抬出场馆时，我往他的口袋里塞了一张会员申请表，祝他晚上愉快。当然，后来我们再也没有听到他的消息，不过他的两个同伴已经成为我忠实的学生，我的学生们现在还会在更衣室里讲起武术与以色列格斗术的区别。不要与柔道运动员进行搏斗，如果有人蓄意攻击你，不要给他面子！

我讲这个故事的目的不是为了炫耀自己，而是为了展示一名教练必备的东西。很多人认为这种情况只会发生在普通人的训练当中，而不会在军事或执法训练中出现，错，一定要提高警惕！总有一些在搏击运动中拥有一定经验的人喜欢在各种机会比较和测试他们的技能。这并不是什么不良意图，而是挑战教练的愿望，因此要随时为此做好准备。

3.3　节奏与速度或通用语言

要规定动作的节奏和速度，例如理论上的打击或踢。我们采用通用语言区分它们，具体如下。

		优点	缺点
1. 同步击打	例如同时打两拳	难防守	速度慢
2. 快速击打	轻微交错，例如咏春拳	速度快、难防守	力度较弱
3. 破拳	拳头在击打目标的过程中相撞击（拳击）	力度强	套路可以预料
4. 自然式击打	不受控制的攻击，像一个醉酒的人（醉拳）	有力、难以预料	不专业
5. 非连贯性击打	不具连贯性，1对1式互搏（空手道）	力度非常强	

在此，我们不能将进攻和防守的速度混淆。原则是尽可能快地进行攻击。不要总试图变换位置，这样做会很浪费时间！之后迅速脱离攻击范围，扫视该区域的其他攻击者。

一堂优秀的以色列格斗术课程是怎样的

4

一堂优秀的以色列格斗术课程是怎样的

图11　用椅子作为掩护工具的以色列格斗术课程

　　一堂优秀的以色列格斗术课程取决于参与的学生，以及一名出色的以色列格斗术教练。如果没有良好的团队动力和专业的指导，课程就会有所欠缺。我记得在培训期间参观了一个培训班，当时培训正在进行，但没有教练在现场。我走进教室，有几名学生挤在地面上打斗，其他人则在击打盾牌和沙袋。整个课堂闹哄哄的。我询问了教练的去向，他们告诉我说教练在地下停车场已经待了30分钟，在车里和周围的学生们练习汽车自卫。又过了20分钟，教练出现了，他看见我惊讶的表情之后，解释说学生们应当有开放的练习来训练技巧。这本身并不是一个坏方法，但是教练应当在必要时监督学生的练习，并指导正确的技术，否则培训期间的学习效果就不显著。无论如何，教练都不应让自己的学生自主地挤在地面上打斗，直到其中一名学生发出信号停止回合。尽管学生们可能通过这种方式收获一些经验，但以色列格斗术不是一项竞争性运动，学生们只能在有限的时间内练习技巧，例如讲习班，但在此期间，应随时有教练在一旁督导，以便在必要时进行纠正。

　　讲一堂优秀的以色列格斗术课程需要做好充分的准备。课程必须有计划地顺利进行，保持连贯一致，也就是需要进行备课。不过，教练员也可以在培训期间对课程计划进行调整。当仅有3个人来上课时，你所制订的40人的课程方案也就没有意义了。所以，就如同以色列格斗术的其他概念一样，课程必须与实际人数和学生们的知识水平相符合。因此，教练应当准备几种不同场景下的不同计划，或者具备足够的经验使学生适应上课时的知识水平和状态。在我看来，这也是许多经验不足的教练失败的地方：不管怎样，他们都只坚持自己原本制订好的计划。

　　当我写到这里的时候，我正坐在一个有着良好无线网络的酒吧里。我过去几天的任务是为连锁酒店的安保人员进行定制的VIP安保以色列格斗术培训。在长途飞行的途中，我为这项任务制订了一套很好的课程计划。我到达目的地后，见到了15名非常有积极性的精壮男子，他们中的大多数人已经有过多年的工作经验。但这群人的知识水平差异很大。其中有三分之一是受过多年训练的前士兵，甚至在军队中担任过教官。还有一部分有着一定的武术功底，另一部分则是优秀的足球运动员。由于安保小组的一些成员因为公务无法参加培训，而培训已经预定了要有15人参加，因此临时从服务区招募了5个人加入培训，其中包括服务员、客房部经理和管家。来自三个小组的参与者有着不同的国籍，因此他们的母语不同。虽然这并不重要，但实际上，他们都喜欢和自己的同胞一起训练，所以仍然会产生一些影响。经过第一天的第一次热身训练之后，我知道我必须重新修改我的教案了。我们没有像计划中的那样进行第三方保护练习，而是花了一天时间来练习基础知识，如脚踢、击打、膝击等。

图12 在足球场地进行基础训练

除此之外，其他方面也与我的预期有很大的出入。这里并没有承诺的健身房，只有安保员的服务区域，例如餐厅区域、水吧和迪斯科舞厅等，我们发现了一个简易的足球场，它的地面被碎珊瑚沙覆盖。最重要的是，当时正值季风季节，天气非常糟糕。几分钟之内，整个训练区域就被雨水冲刷；而不下雨的时候，天气却又热又潮湿。

图13　没有练习垫和健身房的以色列格斗术训练

经过第一天的训练，我的裤子磨损得很严重，在之后的训练中，我都穿着短裤来进行训练。这次的沙滩训练包含了许多摔倒练习，练习的重点是将潜在的攻击者尽可能轻地放倒在地面上（不使用过大的力气），将其扣住，并快速使其离开公共区域。

图14   无练习垫的安保型以色列格斗术训练——摔倒、扣住、整体进行快速移动

我们决定不使用1厘米厚的瑜珈垫，因为它几乎起不到保护作用。

图15   在该房间内针对稍后的实践对场景培训组进行理论指导

　　我们将部分员工自助食堂整理出来，当作理论指导和后续指导的场地。我引用了一句保镖公路电影的著名台词："始终采取积极的态度，并团结起来解决问题！"此外，我们还将桌布当成窗帘使用。我们做这些是为了回避该区域的其他人，他们有时会围观我们的培训，且非常吵闹。而且足球练习场旁边的焊接车间的角磨机会发出很大的噪声，有时会吞没我的声音（我可以讲得更大声！），使我只能通过手势、示范和动作模仿来与参与者交流。

　　总体来说，此次的以色列格斗术培训几乎是即兴进行的，且几乎没有任何计划可言。这些年龄在20~45岁的男子有一个共同之处：他们都非常坚强，并且在最后几天的培训中他们更加团结了。尽管他们之间存在着国籍差异，但现在他们会经常在工作之余聚在一起，比如说下午在足球练习场举行沙滩排球比赛等。他们也使我收获颇多。

　　撇开我之前的小故事不谈，通常，艰苦且安全的训练是良好的以色列格斗术培训的基本要求。与之前提到的训练相反，训练环境中最好不要存在可能造成伤害的因素。学生们也应该在训练开始前把戒指、链子等任何可能对自己或他人造成伤害的东西都摘掉，并戴上所需的护具。作为一名教练，我经常戴着便宜的塑料手表进行计时，这对我的个人时间管理很重要；但我也同样心中有数，知道什么时候该脱下手表以免伤害到其他人。一般来说，教练在上课前应该把这些东西都摘掉。在我个人看来，这可以作为一名好教练的标志。

　　我想起一名拳击教练，他为我的培训组租了训练场地，而他总是穿着军用战靴，戴着一块很大的手表，还戴着一条有分量的金链子进行拳击练习。显然，他并没有无伤训练的意识。

　　如果可能的话，有问题的参与者、一次性参与者或对课程进行审核的学生最好只与有经验的学生进行训练；如果有不好的情况发生，应立即使其离开课堂，以使培训组中的其他学生能够在共同训练时感到舒适。

在练习以色列格斗术的过程中，伤害是无法避免的。根据保险公司的说法，这是一项全面接触的运动。但重要的是确保没有人因为故意或大意而受伤。一般来说，学生们应该在以色列格斗术的课程中玩得开心，这是首要任务。此外，平民训练与军事训练没有差异。我们的座右铭是：在玩乐中学习。

图16   在乐趣和重复中学习

但是对于经验丰富的以色列格斗术学生来说，培训也不会是枯燥乏味的。尽管技巧是相同的，但以色列格斗术的重复目的是为了让各种技巧融入我们的脑海之中，使我们可以在紧急情况下做出相应的条件反射。这些动作步骤的练习应当总是略有不同，并且始终令人兴奋。

这一点对于拥有多个教练（而不止一个）的以色列格斗术学校的学生来说是非常好的。因为每个教练都有所不同，他们有着各自的风格，而且这也有利于教练们不断改进和提高自己的训练方式。除此之外，一堂优秀的以色列格斗术课程还有一个重要因素——学习效果。在课程开始前，我们要思考"我需要它来做什么"，结束时再想想"我今天学到了什么"或者"我今天有进步吗"。重点在于在课程中启发威胁因素、攻击因素或各种问题，学生可以想象现实中的相同情境，思考在日常生活中实际可能发生的情况，同时这也有助于模拟在现实中解决问题的过程。因此，过分注重技巧的教学方式对于以色列格斗术课程是不利的！

图17　在不同材质的地面和不同的环境中进行训练

有一部分学生能够很快地掌握技巧，而另一部分学生则可能需要更长的时间，但是教学应随时保持动态，不要让学生不断地过度进行重复（第一次不要过度进行技巧练习）。

在常规健身房以外（即在不同的环境和地面上进行）的训练也是良好的以色列格斗术课程的重要组成部分。

对于所有的以色列格斗术技巧来说，处理优先级方面的攻击是很重要的，即预先处理攻击时所发生的紧急情况（例如扼杀者使你无法呼吸）。首先要对紧急情况进行消除（例如在进行其他动作之前，必须重新获得呼吸的能力），以免接下来陷入另一种危险的情况（例如摆脱了头部束缚，但在过程中使扼杀者处于你的身后，或者你退到另一名攻击者的旁边）。这是唯一的处理办法，需要以色列格斗术教练在每次训练时进行指导。

一方面，它与距离有关。如果离得远，跑！如果离得近，打！另一方面，需要优先考虑自己的行为——始终要消除最大的隐患！

图18　有趣的团队建设练习

以色列格斗术的教学结构

以色列格斗术的教学结构

以色列格斗术的教学通常像训练部队一样结构化，即使在民用领域也是如此。因为它关乎具有方法指导原则的教学技术，也被称为军事四步法（演示、解释、模仿、实践）。

5.1　课堂基本结构

1. 备课、准备训练场地和必要的设备。
   回顾之前的课程，并将其与当前的课程联系起来。
2. 进行课前热身。理想情况下，热身包括后续训练内容的准备练习，并为学生准备相同的训练。
3. 设置攻击的情形和问题。
4. 提出快速和缓慢地执行解决方案的技巧。
5. 将技巧拆分为单个步骤或阶段。

   a）优先级威胁。

　　b）采取行动消除威胁。

　　c）观察和扫视二次威胁。

6. 对初步练习进行演示，并讲解技巧。

7. 在进行搭档练习时，对参与者进行指导。

8. 总结技巧训练。

9. 进行压力和攻击训练。

10. 进行放松练习。

　　预习下一节课程。

5.2　良好的规划是一切的基础

　　如前所述，以色列格斗术课程和它的准备工作同样重要。教练应事先规划好详细的课程顺序，并尽可能地按照计划进行。但有时，计划可能会与实际情况有一些出入。也就是说，在上课的过程中，原先制订好的计划必须适应当前的情况，例如学生的数量、以往的经验和学习进度，或者天气条件等，因此要进行灵活处理。只有教学经验丰富的教练才能够在课堂上做出此类调整。在上一章中我也对该问题进行过描述。

　　教练应当准备至少两项或多项计划（记在脑海之中，最好记在纸上，或记在智能手机、平板电脑、笔记本电脑等工具上），而不是只制订一项单一的计划。当我的课程计划中包含踢腿的训练项目且只能在室外的冰面上进行时，要怎样处理才较为理想呢？此类课程最重要的实际上是我需要意识到在这样的天气条件下所适合练习的踢腿类型。也就是说，我需要放弃一些计划之内的东西，而选择适合当前条件的，例如衬衫或护腕等装备，以便学生在练习时能够抓住我或我的衣服。但为此我仍然需要提前制订好具体的课程计划，因为没有比毫无计划地训练学生更糟糕的事情了。

如果本应需要3小时的课程，在1小时之内就草草结束，这也是非常不妥的（比如有一些经验丰富的参与者，或者课程进度过快）。因此，良好的时间管理同样重要。

所以，教练必须随时准备用时比课程实际时间多的课程材料。此外，教练必须有十足的信心对技巧进行示范和演练。当然，教练可以对技巧的顺序或要点进行注释，并在课堂期间查看。如果被学生指出教练忘记或忽略了其他教练会讲到的课程内容，或者该教练本人在之前的课程中所强调过的内容，就会出现较为尴尬的情况。

课堂基本结构示例

所需工具：每位参与者都要配备适当尺寸的垫子和护具。

上一课：实战踢腿和防守。

热身：准备，参与者分为两队，一队踢腿，另一队规避；同样分为两队，一队攻击，另一队规避。准备和拉伸，放松手臂，活动关节。心理准备，僵尸游戏（参见第108页）。力量练习，狩猎练习（参见第103页）。

情景设定：你参与了酒吧斗殴，可能会发生不同类型的攻击，特别是使用拳头和醉酒的攻击者。

技巧：出拳。通过初步练习进行演示。

直拳：关节内旋，将力量放在拳头上；快速回伸，手部不要放下，直接向后拉。不要让对方通过之前的动作看出你下一个出拳步骤。

掌击：适合所有的人，包括留长指甲的女性，以及从未有过实战出拳经验的初学者。

勾拳：动作幅度小且速度快；在最后一秒举起手肘；大拇指指向自己。

撞肘：重点是回伸要快；关节向内旋转；不要推挤；前臂骨触及外防卫区域。

战术建议：当你在打斗时，避开攻击范围，理想的角度为180°。

思维模式：不击打护具，要穿过护具进行击打；目标在护具后方。

训练：组合拳和快速反击（参见第105页）。

技巧：进攻者和防守者的节奏与速度（参见第3.3节的"节奏与速度"）。

同步击打：同时进行击打；且拳脚相结合。

破拳：拳头或手掌在击打目标的过程中相撞击。

快速击打：拳头或手掌靠近对方的身体（非常快的拳法）。

自然式击打：拳头或手掌轮流靠近对方的身体。

非连贯性击打：没有固定的节奏；出拳模式不可预知。

训练：给出信号后，用不同的节奏击打护具，并移开攻击线，扫视周围是否有其他攻击者。参与者分为两队，均不使用护具，攻击者出拳，防守者进行内防卫（参见第139页）或外防卫（参见第136页）。

综合训练：分组进行；一组为防守组，组员在室内闭上眼睛，另一组为攻击组，组员四处走动寻找目标。攻击者反复用拳攻击防守者（例如直拳）。第一拳使防守者产生警觉并睁开眼睛，然后防守者开始规避第二拳（一对一进行）。

主要目标：永不放弃。如果你在压力之下无法100%地回忆起所需使用的技巧，那就应该采取其他一些行动来摆脱这种状况。在实际情况中是没有第二次机会的，这就是以色列格斗术的实战目标。

攻击性训练：运用你今天所学到的东西进行慢速格斗（参见第99页）。首先，一名防守者对抗一名攻击者，然后对抗两名攻击者，然后是三名攻击者、四名攻击者；两种角色互换进行练习。

放松练习：感受身体的紧张感——保持俯卧撑姿势，持续5分钟。

预习：下一课将包含防卫刀刺的内容。

可以看出，一节培训课程可能需要做相当复杂的准备工作，但是要成功完成一次以色列格斗术培训，这些准备工作都是值得的。课前准备得越好，上课时也就越轻松。

5.3　以色列格斗术课程所需的设备

图19　你不需要持有任何工具

以色列格斗术基于军事格言"你没有的东西，你都不需要"，它不需

要任何特殊类型的工具。因此，以色列格斗术课程可以在世界的任何地方
进行。然而，在训练过程中关于安全这一重要方面，要符合现代城市环境
中培训的某些基本要求。所规划的训练场景决定了必要的设备、工具。例
如我在规划之前所提到的窒息课程，我就可以完全不使用为踢腿准备的大
尺寸护具；但在进行模拟练习时，不仅需要首先模拟跑开的动作，还要根
据不同的距离踢打假想的对手（同时要注意不对训练伙伴造成任何伤害），
这样你就不会在一开始就陷入困境。这种练习可以在没有垫子的慢速格斗
练习中进行，但它可能会使课程的进度变慢，从而减弱训练效果。

图20　规划场景所需的设备

在讲解持有武器类型的攻击时，情况会变得更为复杂一些。如果不具
备木制刀具或橡胶刀具、泡沫棒或橡胶枪，那么就可以使用经过处理和预

先反复检查过的棒球棒进行演示。但这样会大大减慢演示的速度，因为在演示时要注意避免对学生造成伤害，所以要缓慢地进行。在这种情况下，同样为了保证攻击者的安全，双方都要有相同的意识（例如，防守者在受到蓝光模具枪威胁时，对经过处理和反复检查后的枪械进行抢夺）。

推荐使用以下设备进行以色列格斗术训练。我的建议当然是先以法定条文为基础，只有经过适当培训的教练员才可以使用。这份清单并不是完全详尽的。

训练配件

手垫、大尺寸护具、沙袋、假人、地板垫和柔道垫。

仿武器工具

用网球模拟石头、手榴弹，用橡胶枪模拟枪械。在适当的情况下，攻击者可使用蓝光模具枪，以及软竹棍。

橡胶刀、木刀或shocknife®品牌的训练刀。

图21　用于学习防范武装威胁的蓝光模具枪和橡胶枪

我不是一个提倡在痛苦中学习的人，但是实战训练中的威胁越真实，训练效果就越好。

　　注重安全当然是培训中的前提，因此，所有先前的建议都包含适当的防护装备。

- 面罩、护目镜；
- 全方位安全防护帽；
- 护裆工具；
- 手部护具，如格斗手套、拳击手套；
- 护腿、前臂护具；
- 适当的鞋具/脚部和脚背护具；
- 全身防护服。

这份清单并不完全详尽。

图22　女子对穿着全身防护服的对手进行自卫

技巧、入门知识及要点

6

技巧、入门知识及要点

本章的内容乍一看可能会使人觉得有些复杂，但民用以色列格斗术的防守技巧和官方或军事以色列格斗术的防守技巧并没有什么不同。以色列格斗术的体系是建立在本能反应之上的，而且易于学习。虽然人的反应有着直觉和非直觉之分，但是人们所受到的威胁和攻击有着很大的不同。普通人被人使用攻击性武器威胁或者被人用刺刀刺死的可能性非常小，而一名全副武装的士兵被人握住手腕的可能性也非常小。但两者的防守步骤是相同的。

服务人员和现场急救员（如警察、司法人员、消防队员）可能会与这两个领域都有所接触。另外，成功防御之后的行为差别会很大。一般来说，平民直接逃跑是较为安全的，而士兵几乎不可能这样做。相反，士兵应当控制住攻击者的行为以预防进一步的威胁。要补充的是，士兵通常会全副武装，并且携带许多装备，他们很可能不会用双手来防卫。

图23　执法人员在运用技巧之后将攻击者制服

　　以色列格斗术的军事防御技巧与执法方面的防御技巧几乎没有区别，但是由于攻击类型和处理技巧的差异很大，因此培训内容的差异也非常大。

6.1　攻击的距离——时间线

虽然在现实中会遇到的攻击情况与在场馆内练习时的攻击情况有所不同，但仍然要反复练习不同的动作，以便在真正的高压情形下能够产生本能反应。为了实现这一点，我们可以根据距离来区分可能遇到的攻击情况。在民用领域，主要是为了使练习者尽早意识到危险并保持一定的逃跑距离。

举一个最简单的例子，当我意识到一些小流氓会在街上拦住我时，我就提前过马路。但在现实中并不是这么简单。这也就是为什么在训练时会包含一些相当远距离的逃跑课程内容。通常，一些年轻的学生会对教练给出的问题答案感到很失望，如："当有人手持刀具接近你时你需要做什么？"答案是："我会跑开，并警告周围的人，打电话给警察局。"但是，这种行为是要优先采取的行为。

因此，在以色列格斗术中，意识到潜在的危险并加以预防不仅仅是针对儿童来说的，它对成年人来说也非常重要！当我及早意识到威胁的时候，我就努力规避它。但是，我要如何准确地判断威胁情况呢？这也是需要多多练习的，不仅是在课堂上，而且在日常生活中也要用目光随时扫视周围的情况。此外，要提前为家人和自己准备适当的逃生路径。当我进入一座建筑物时，首先观察这座建筑物的逃生路线，并策略性地让自己不要离开这些出口太远。另外，我会观察周围人的肢体语言，并且谨慎地行动。切记，不要成为受害者。

很多来参加以色列格斗术课程的学生都在之前经历过一些危险的事情，有些甚至是严重暴力的受害者。很多参与者告诉过我，实际上他们都感觉到了有事情会发生，或者已经预见了危险情况，但他们却没有采取任何措施来避免危险情况的发生。

在当今社会，我们的许多本能已经退化，我们不再重视它们。如果感到有事情会发生时，就要提高警惕，不要害怕转身察看。就好像我们开车在变换车道时，不仅会观察后视镜，还会扫视与肩膀同一水平线上的其他位置的状况，因此，在我们离开房间、下车或进入一家餐厅的时候，都要养成四处察看的习惯。

而且，不仅仅是出于道德勇气，我们应当更仔细地观察他人，或者至少不要忽视对危险情况的总体认知。以色列格斗术的教练应当将这些练习纳入训练，并将其作为重点。扫视并快速做出相应的正确反应，是高优先级的培训内容，且没有任何技巧限制。

6.2　战术心态——战略行为

正如我前面提到的策略性地采取行为，不仅军人或服务人员要做到这一点，普通人也应当如此。在我所了解到的曾经遭受过暴力行为的受害者中，事先意识到了威胁并具有直觉的人是存在的，但根据我个人的经验以及我与受害者的谈话，我知道这种情况经常发生。

杰夫·库珀被认为是现代手枪射击技术的创始人，他也是国际实用射击协会（IPSC）的创始人和终身荣誉主席，他开发了一种简单易懂的人类意识度分类，即库珀颜色代码。

库珀发明的色标与战术情况或警戒等级无关，而与自己的意识状态有关。据库珀所说，在生死关头进行对抗，最重要的一点不是武器，也不是技术，而是战斗的心理准备。库珀没有宣扬自己发明了颜色代码，但他是第一个使用颜色代码来区分意识状态的。

库珀颜色代码分为以下几种。

- 白色——散漫，没有防备。当在白色状态下遭受攻击时，唯一的希望只能是攻击者发生失误。处于白色状态的人面对不愉快的事情的可能反应是："哦，天啊，这样的事情怎么会发生在我身上？"

- 黄色——警醒但又平静。在没有特殊威胁的情况下，存在"或许今天我必须得保护自己"的想法。意识到这个世界是存在危险的，在不得已的情况下，必须进行自卫。随时保持警惕，并意识到"我今天可能要进行自卫"。一个人不应该武装起来去假定这种精神状态，但如果一个人进行了武装，那么就应该处于黄色状态。当一个人处在陌生的环境当中或与陌生人打交道时，应当是一直处于黄色状态的。只要一个人能够保持自己选择，黄色状态可以持续很长一段时间。黄色状态的人以平静但警惕的态度关注周围环境的信息。用库珀的话来讲，即"我可能会进行自卫"。

- 橙色——非常警惕。总感到有些事情不对并且吸引注意。会将精神集中在寻找是否存在威胁上。想法改变为"我可能要对他开枪"。处于橙色状态时，会产生一系列的心理活动："如果某件事发生了，我必须阻止他。"橙色状态会造成一定程度的紧张，但如果必要，也可以维持较长时间。如果威胁被证明是毫无根据的，那么心理状态就会转变回黄色。

- 红色——战斗。已经超出了橙色状态的心理底线："当某件事发生时，我必须对这个人进行射击。"

这些颜色代码能很好地适用于以色列格斗术的教学，具体如下。

当处在"白色"状态时，"我"在自己家中独处。离开家后，就转变为"黄色"状态。在日常生活中，"黄色"状态可以立即转变为"橙色"状态，例如出行时。在高速公路上的车里，"我"经常在"黄色"状态（正常驾驶，交通通畅）与"橙色"状态（交通堵塞）之间交替。在这种情况下，"红色"状态是指逃跑或战斗，也就是以色列格斗术的前述原则之一。如果"我"以较快的速度接近交通堵塞的区域，就会产生"红色"状态。教练不必在课堂上说出颜色代码，但应当连续使用颜色代码来为学生做思想准备。

在课堂上，教练应随时保持"橙色"状态。唯一的特殊情况是处在教学模式下时，即使保持着一定的距离，也可能必须立即从"橙色"状态切换到"红色"状态。比如说，教练仍然处于教学模式下，正在对学生进行讲解并准备进行演示，这时教练要求学员到讲台上进行示范，以直观地解释他将要讲到的攻击。然而，被要求到讲台来演示的学生或许并不理解这一点。他就会对仍处于"黄色"状态的教练进行攻击。再举一个例子，教练告诉学生："从外部用拳头攻击我（演示）"，但学生演示时却从前方用拳头攻击或用脚踢。如果教练仍处于"黄色"状态，就会被学生的攻击弄得猝不及防。这些都是不应该发生的情况。也就是说，在所有的动作演示当中，教练都应当切换到"红色"状态。

在对抗中通过控制进攻和决心来成功采取行动，这是防卫者应有的态度。例如，每次完成防守行动之后，总要对周围的环境进行观察。当然，此处的主要目标是扫视周边环境，检查有无潜在的危险源或攻击者，但同时也有助于消除隧道视野所造成的自卫压力。对于以色列格斗术而言，最重要的就是通过不断的练习，使动作顺序更加熟练，以使练习者能够在受到极大压力的情况下产生本能反应。

在以色列格斗术训练当中，它可以代入以下几种"战斗姿态"。

▶ 黄色——被动姿态。

警觉且时刻提防，双脚平行，双臂下沉，保持一种不明显的被动防御姿态。

▶ **橙色——半被动姿态。**

提高警觉度，双脚平行，双臂以不夸张的姿势举起。

▶ **红色——战斗姿态、准备姿态和出手姿态。**

准备战斗，双脚分开与肩同宽，并且轻微错开；在出右手时，左腿向前，轻微向内旋转，右脚脚后跟略微抬高，膝盖放松，重心处于身体中央。双手做出准备战斗和掩护的姿势。

6.3　接触格斗——身体攻击

在以下的所有描述当中，特别是民用方面，我们将假定没有逃跑这种选项。作为一名防卫者，我被迫做出反应，也就意味着我必须通过各种手段来保护自己。

使用一般工具

通常，很多人发现自己处在防守情境中时只能赤手空拳，即使他们周围有很多工具可以用来进行有效的防御。在以色列格斗术中，我们将工具分为以下几种。

小型工具	钥匙、手机、烟灰缸等	投掷
防护工具	背包、钱包、武器	格挡
液态工具	最好是高温液体或喷雾剂	投掷、喷射
静态工具	门、桌子、汽车	躲在后面
冷兵器	刀、棍、棒球棍、烛台等	击打、刺

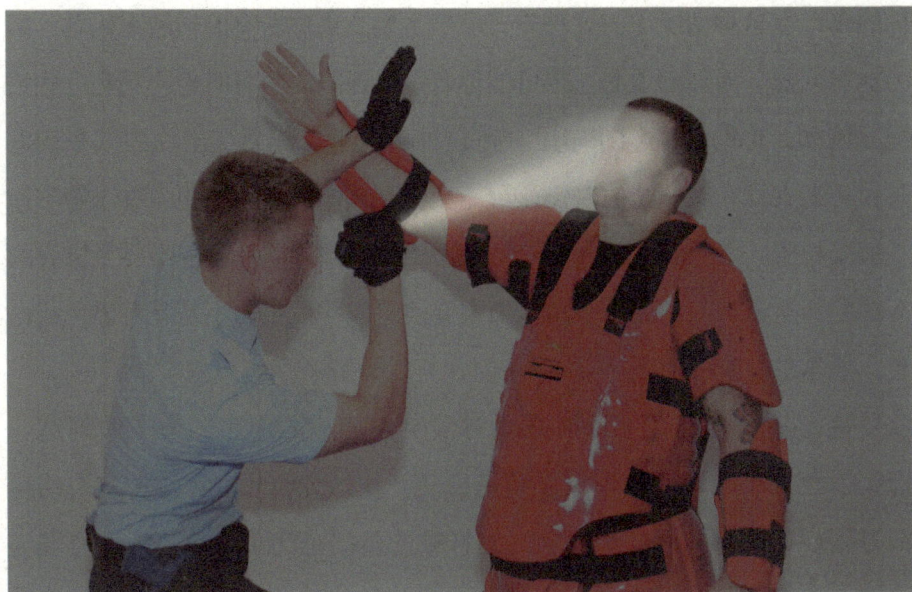

图24　使用手电筒致盲对手

士兵尤其应该使用武器作为"冷兵器"。这就是为什么拥有这些专业背景的人员在进行大部分以色列格斗术训练时几乎都是使用冷兵器来完成的。

6.4　威胁情景和武装攻击

很多人对于以色列格斗术包含针对武装攻击的防卫感到难以置信。"如果我用枪瞄准你,然后开枪,你一身的以色列格斗术本领又有什么用呢?"答案很简单,没有!如果有人想要谋杀我,溜到我身后,从后面用刀刺杀我,或者瞄准我进行射击,而我又手无寸铁,那么这个世界上没有任何技术能够对这种情况进行有效防卫。

所以,以色列格斗术是专门针对受到威胁的场景的(即有人用刀或武器威胁你)。威胁者总想要求些什么,例如,一个小偷会想要你的钱或你的车。在这种情况下，处理方式显然是要交出你所有的钱和车钥匙，因为他有武器，而你却没有。很可能你有盗窃保险。但有时也会遇到一些情况，例如，你的孩子们在车里。在这种情况下，你要交出你的汽车钥匙吗？一名女性在被威胁的时候，可能会受到攻击或者性侵犯，难道她不挣扎就妥协吗？答案很明确："不！""我"不要妥协，"我"也不要交出我的车钥匙。所以，我们在这些情境当中要被迫战斗。生活不是只有黑色或白色，偶尔也有灰色阴影。

这正是教练们在上课时必须对学生们传达的内容。为了做到这一点，以色列格斗术课程使用了角色扮演，在这种叫作"哭泣游戏"的扮演过程中，演练技巧必须写实。这样做的目的是为了让攻击者有心理安全感，使他觉得自己占据了支配地位，并且这样做也是为了让自己能够根据距离或时间而采取行动（即创造一种情形，"我"可以主动进行攻击）。所有的威胁和武器都必须被视为危险因素，因此在训练过程中要保持适当的距离。

防卫者必须完全意识到，他能够在怎样的距离范围内通过解除对方武器的手段来防御手枪的威胁。如果他离攻击者过近，而且他不能够逃跑，这时他就没有处在适当的位置，因此他必须用"假哭"的方式使对方放松警惕，使自己移动到"更好的起始位置"，来制造对自己的防守更加有利的情形。

6.5　来自多名攻击者的多重攻击

图25　多名攻击者

　　我曾一再被问到是否开设私人课程，当被问起时，我总是以同样的方式回答：在我看来，私人以色列格斗术课程绝对不合理。它可能在个别情况下是有意义的，比如说以色列格斗术水平测试或针对特定场景的练习，但对于长期培训而言是没有意义的。原因很简单：以色列格斗术是在面对不止一名而是多名攻击者的时候，为了自我保护而进行的对抗，即使这些攻击者只是潜在攻击者。所以我绝对不想只专注于一名攻击者，也就是所谓的"隧道视野"。即使在派对上或酒吧里，开始看起来只有一个小混混，但是旁边的围观者很快就会跟着起哄，这时攻击者立刻就会变成一群人。这就是以色列格斗术总是针对不止一名而是多名攻击者进行防卫的原因。

在这种情况下，一般战术行为是非常重要的，因此，运用以色列格斗术时总要检查和扫视周围环境，这就表示要观察周围存在的潜在威胁，正如之前在战术行为的内容中描述过的一样。因此，一名资深教练会针对至少有两名组员的小组进行持续的以色列格斗术培训（我不是在讲个人培训），所以对小组的组员构成也要进行谨慎考虑。例如，同时训练父亲、母亲和儿子是没有意义 。父母永远不能做到以现实当中可能真实发生的情况来攻击自己的孩子，所以会影响到防卫的练习效果。而孩子也可能不愿意对他的父母进行故意的"伤害"。

不过，这种组合非常适合于战术行为训练。

6.6　保护你爱的人——保护自己和他人

在练习以色列格斗术的过程中，与多名攻击者的组员构成同样重要的是多名"受害者"的组员构成。作为一名以色列格斗术学员，不仅要学会照顾自己，也要学会照顾身边的家人、朋友和同事。为此，以色列格斗术课程也提供了很好的小组练习机会。

在这样的小组培训环境下，你可以使用所有的技巧，或者更确切地说，这是为了保护第三方而设置的训练场景。学习的目标是始终保证受保护的人员安然无恙地远离攻击范围，而不只是注重攻击者或攻击本身。

图26　保护你的亲朋好友

　　练习的内容也可以在家庭中以有趣的方式融入日常生活。我和家人最喜欢的游戏之一就是一种类似"金牌间谍"的游戏，包括在拥挤的百货公司或机场内找到一个指定的位置。我和我的孩子们一起寻找战略避难的地方，例如绿色紧急出口标识附近的大石柱。当买好玩具并发出信号之后，第一个到达大石柱的人就是获胜者，接下来就由获胜者来选择下一个"避难所"。由于我的女儿只有5岁，她的弟弟只有2岁，所以他们总是同我和他们的母亲一起合作的。我们一起积极地寻找"避难所"后，弟弟会抓住姐姐的腰带，让她领着他走。我们都在充满乐趣的练习中锻炼观察能力，并且相互信任，在拥挤的人潮中一同战略性地"逃跑"。想象力是无穷无尽的。

针对特殊使用者及特殊用途的以色列格斗术

针对特殊使用者及特殊用途的以色列格斗术

如前所述，除了场景和处理方式外，针对特殊使用者的以色列格斗术技巧是不同于一般使用者的。意识到威胁状况并进行预防是最先要做的事。

7.1 针对儿童和青少年的以色列格斗术

针对儿童的现代以色列格斗术自我防卫教育可以从4岁开始，主要教授他们自我评价的能力，建立自信，并教导他们面对冲突的解决办法。学习当中有很多乐趣，通过学习不仅能够增强安全意识，还能改善身体的协调性、体质，提高注意力和自信。这些教育包括：

- 认知和预防；
- 减小危险范围和强度；
- 逃跑的策略；

➤ 针对同龄人的自我防卫。

➤ 针对比自己更强大的人的自我防卫。

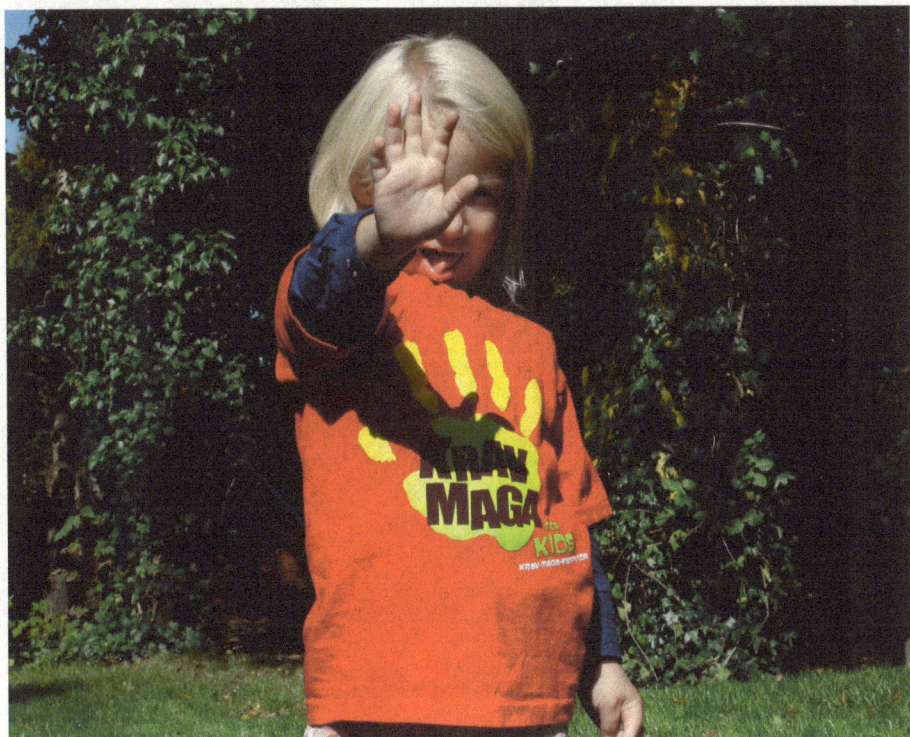

图27　说"不"或"停"以增加自信心

首先教会孩子避免发生肢体冲突和矛盾。

对于13~17岁的青少年而言，以色列格斗术教育并不侧重于学习有效的自我防卫技术，而是强调自信心、战术行为和评估。以色列格斗术是一种现代的自卫体系，容易学习和上手，并能培养纪律和身体素质。我们的座右铭是"不要成为受害者"，因为自卫不是武术的一种形式！

尤其是对于年纪较小的孩子来说，家长应当积极配合孩子的以色列格斗术课程，特别是在日常的自信心训练中。例如，爷爷来参观，要求亲吻孩子，并试图拥抱这个孩子；孩子并不想这样并拒绝了。

图28 善于学习抵御攻击

作为这个孩子的母亲或父亲，我不会试图说服我的孩子拥抱和亲吻爷爷。我支持我的孩子的做法，从而增加他的自信心。作为两个孩子的父亲，当他们不想拥抱或亲吻我的父亲时，我并不会感到特别不开心。最近，有一名餐厅服务员让我的女儿跟他去厨房领饭后棒棒糖，我女儿坚定地拒绝了他："不，我会在这里等我爸爸给我买棒棒糖。"我为此感到很开心，我的女儿不会和任何人一起去吃糖果。当服务员一再要求时，她只需简单地问我是否能回家给她买棒棒糖，事情就解决了。

同自己的孩子多练习"金牌间谍"游戏是一种很好的习惯，在玩游戏的过程中，可以锻炼孩子寻找避难地点和绿色紧急出口标识的能力，也能够练习一般的逃生手段。在针对孩子的以色列格斗术教学中，我会让孩子们做好逃跑的准备，这里的座右铭是"听从你的直觉"。当你觉得某件事不对劲并产生不安的感觉时，一定要引起注意。

　　练习后，我们与家长进行沟通，并开始以整个家庭为一个团队开始游戏。在日常生活中，有很多以一个团队进行训练的机会，但每每在这样做的时候，我都不会告诉我的孩子出口和汽车是安全的，以防这些地方发生火灾。这也是在对孩子进行以色列格斗术教育时的技巧。

　　我们不会直接告诉孩子们去击打对方的鼻子，但我们可以通过玩耍来教孩子们。这以一种娱乐的方式解释了暴力预防这个相当复杂的话题，也提示他们武力的使用方式。但在以色列格斗术的训练中，我们不会教孩子对一个成年人使用肩摔。以下是针对儿童的以色列格斗术的指导情景。

图29　在欢乐中学习对付成年攻击者的战术行为

　　教练站在一群孩子面前，并采用角色扮演的方式对技巧进行讲解。他选择了一名体形最大、最重的孩子，告诉他"当我抓住你的手腕并试图拉你时，你要开始保护你自己。"这名孩子开始进行自我防卫，他尖叫、踢打，尝试一切手段进行摆脱，但几乎都不能成功。现在轮到其他孩子进行尝试。在此要注意：教练应当穿上护具！接下来，另一名教练走近最小的还没有转过身的孩子，他在孩子耳边小声指导："不要让他抓住你的手腕，然后跑开。如果他还抓你，那就咬他，使劲咬住他的手。只要他一松手，你就尽快跑到出口去。"然后"坏"教练走近孩子，想抓住他把他拉走，但这个孩子不会被他拉住，且及时跑开；如果逃跑失败，那么就开始咬"坏"教练。"坏"教练会尖叫、放手，然后孩子就可以跑开了。

当孩子们咬了"坏人"的手，成功挣脱了他对手腕的束缚，或是更好的情况，即没有被"坏人"抓住时，孩子们都会感到很开心。所以，对孩子进行以色列格斗术教育时，角色扮演要比技巧学习更加有效。它的目的是让孩子们意识到潜在的危险，并产生直觉反应。理想的目标是让孩子们学会先发制人。自我防卫技术是防御性的，它是对可能发生的攻击所产生的反应。

7.2　针对女性的以色列格斗术

针对女性的以色列格斗术培训与常规的培训没有太大的区别。但是，针对女性群体的教学却与常规培训有很大的不同。女性有时遭到的攻击类型是不一样的（比如拉扯头发）。在这种情况下，她们产生的本能反应也不一样。此外，对女性进行教学时，会与对男性进行教学时的沟通方式不同，描述要更为具体、更为详细。女性往往不愿意抽象地设想极端暴力的攻击。最糟糕的是，她们可能经历过这种情况，对这种情形会非常敏感。

根据我个人的经验，很少有女性愿意定期和长期参加自我防卫训练。许多女性都希望加入到班级中，甚至参加讲习班，因为这样会让她们感到更安全。但很显然，这只是一种虚假的安全感。然而，大多数女性都接受了以色列格斗术课程（取决于教练和团队）。这都源于以色列格斗术体系变得越来越现代化，也因为锻炼伙伴更加成熟。可以说，女性能够在以色列格斗术课程中获得双重收益。

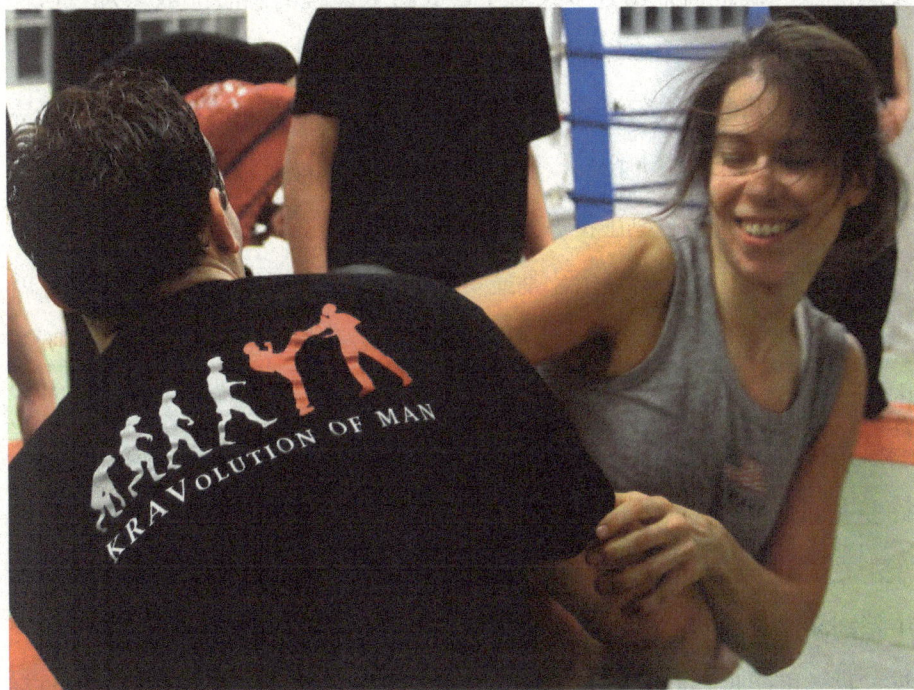

图30　专为女性开设的以色列格斗术小组

　　大多数女性都不太认同使用武力，因此她们时常在自我防卫课程中表现得放不开。此外，训练强度极高的训练伙伴一般不太受欢迎，尽管也有例外。在常规的以色列格斗术训练当中，女性占比很高，但我更为关注的是想要通过参加讲习班来学习自卫的女性。举一个很好的例子，最近德国一家著名电视台的编辑部与我联系，向我询问是否可以在我的工作地点拍摄一个日间节目的片段。拍摄的对象要参加3种不同武术类型的训练课程，即空手道、咏春拳和以色列格斗术，然后一名柔道专家会对其进行攻击，目的是为了弄清楚这3种不同风格的技术中哪一个更适合抵御柔道的攻击。

在此，我不对电视台的要求和我们的反应做详细介绍，但我举这个例子就能很明确地概括出许多人对于自我防卫课程的想法："我参加三次课程，就能抵挡住一个专家的攻击。"虽然我个人对此深表怀疑，但我认为任何能够提升自信的东西或多或少都是有利的。该节目的拍摄片段已经完成，可以在YouTube上找到。但有些人始终有这样一种想法：我进行过以色列格斗术的训练，现在我不会发生任何事。而在以色列格斗术的训练课程中，意识到有事情会发生才是最重要的。如果你及早意识到危险，你就可以避免它！针对女性的以色列格斗术就是着重培养女性的直觉（即听从内心的预警）。

这种能力也可以给对手设置一定的限制。但不幸的是，在现代文明中，许多人都丧失了内心的预警机制。暴力犯罪的受害者通常会说他们在遭受袭击之前有一种预感或不安的感觉。以色列格斗术在专门针对女性的培训中特别涵盖了这个话题。当"我"晚上离开一家餐厅，走到地下车库时，感觉"我"可能听到或看到了某些可疑的东西，"我"立即改变计划，按照直觉行动。当然，训练的目的并不是培养恐惧心理，而是培养对于可能发生的事情的意识。以下是针对女性的以色列格斗术中关于距离的一个例子。

在这个角色扮演的情境中，有一名女子在深夜独自站在巴士站的一端。突然，一名男子从公共汽车站的另一端出现。该男子由教练扮演，女子则由以色列格斗术练习生扮演。在整个过程中，我们会用1~10的数值来对情绪进行表示（1表示一切良好，10表示非常不舒服），或者使用前面所提到的库珀颜色代码来测试这名男子在距离该女子多远的时候使她感到不舒服，以及不舒服的原因。教练不断地靠近这名女子，而不做出任何动作。

　　在培训的过程中，我们经常发现女子往往会陷入自责，例如："为什么他会靠近我？是因为我的穿着方式吗？"男子可能会说："你很可爱，所以我想接近你。"在达到一定程度时，女子必须告诉男子他已经越过她的底线了，无论是用肢体语言还是直接口头表达："我不希望你更接近我了。"如果他仍然继续靠近（在以色列格斗术中，以一条胳膊的距离作为底线），就要根据情况选择逃跑或战斗。在针对女性的以色列格斗术培训中，对这种情况要进行正确的描述，即"我"踢打攻击者的档部不是为了对他造成永久的伤害，而是使他无法动弹，以方便自己逃走。同样，我用拳头击打攻击者的鼻子不是为了打破它，而是为了对方他流眼泪，以方便自己逃走。

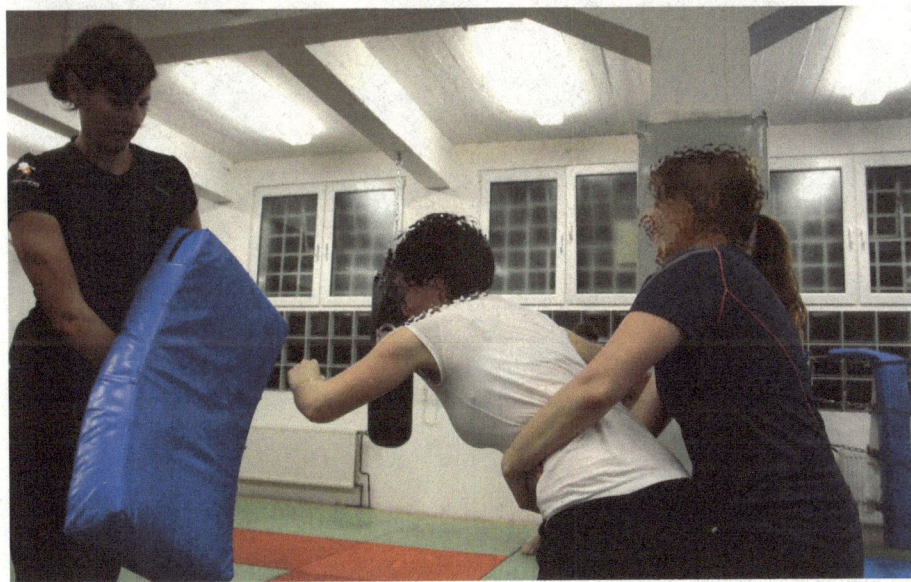

图31　针对女性的以色列格斗术练习和自我防卫

　　女学员必须明确自己要做什么以及这样做的原因。在对女学员的培训过程中，重要的是使她们放开心态，因为大多数女性都不认为暴力是一种解决办法。因此，在针对女性进行以色列格斗术培训时，要使她们投入到其中，意识到在极端情况下除了还击别无他法。当然，练习先发制人的行为和自信果敢的心态时，要以一种具有代入感的态度来进行。

7.3　针对残障人士的以色列格斗术

图32　在定期训练课程中，视力损伤者与视力正常的学员共同练习自卫

　　以色列格斗术本身去适应其使用者，而不是让使用者来适应它，因此，它与许多其他的自我防卫体系不同，它无条件地适用于所有残障人士。所以，即便你身边有人失去了一只手臂，失去了一条腿，坐在轮椅上，或是失明，都不会成为阻碍因素。如果你在网页上搜索"轮椅以色列格斗术"

（wheelchair Krav Maga），会出现一些令人印象深刻的视频及内容。以色列格斗术教导的是直觉型的技术。但是，它非常依赖于一名好的教练，并且教练的经验以及他适应技术的能力也十分重要。一名好的教练应当对以色列格斗术的概念非常清楚，并能了解以色列格斗术并不完全基于一些课程或技术思维，而是基于它的可适应能力，也就是防卫者在攻击期间的潜在行为。这听起来很合理，但我曾遇到一些经验丰富的教练试图教会一名盲人女子进行观察和逃跑。因此最重要的一点是创意性思维。

此外，互相学习也是很重要的。我们目前正在培训一群视力受损的练习者。成功不仅是来到这里上课就能实现的，它还需要通过彼此之间的积极沟通才能获得。对于这些练习者而言，较为重要的是要以适当的方式对练习方式进行口头讲解，以便他们能够跟得上课堂节奏。

7.4　定制的以色列格斗术——改编式以色列格斗术练习

图33　针对救援人员的以色列格斗术具有不同的方式

顾名思义，术语"定制"一词表示的是某种内容适应特定的需求。它不仅限于前文所提到的针对残障人士的培训。这个术语也适用于专业的练习者。以色列格斗术课程包含了多项针对特殊练习者和特殊环境的课程，例如以色列格斗术空军中将课程、以色列格斗术VIP级保镖课程等。目前，针对救援人员，特别是救护车队的课程，正在变得越来越受欢迎，虽然救援人员受到攻击的概率上升是一件非常令人遗憾的事情。

根据在德国鲁尔大学进行的由沃尔夫冈·海涅曼博士指导的研究，有越来越多的救援人员在工作当中受到干扰、骚扰和袭击。醉酒人员或具有攻击性的人员对救援人员的攻击日益危及救援人员的救生工作。在工作中遭遇暴力和恐吓意味着在精神上丧失控制行动的能力。

只需要使用几种基本的以色列格斗术技巧，就能使紧急医疗服务人员对外来攻击进行有效的抵抗，从而免受伤害。这种定制教学的目的是为专业救援人员提供有效而简单的方法，使他们能够防御各种类型的暴力攻击，因此，自卫技巧的使用应符合人身保护以及法律规定。

图34　在救护车上开展自我防卫课程

8

创新以色列格斗术的教学思想

在以色列格斗术的培训过程中，寓教于乐始终都是贯穿课程的重点。如果教练出于某些原因没有足够的时间对热身练习进行准备，那么我们就可以采用一种比赛的方式来进行热身。此外，如前所述，以色列格斗术不是一项格斗运动，除了在某些机构进行水平测试之外，学生们不会有真正的机会对自己的知识水平进行测试。因此，更为重要的是将所学的知识运用到战斗中来进行测试。这并不表示要在街头的自我防卫情景中实现，而是要在可控的环境中进行，并作为一个重要的教学部分。在武术当中，它被称为对练。而在以色列格斗术的课程当中，它应当尽量接近真实的情形。在狭小的空间里，穿着牛仔裤而不是运动服；在光滑的地面上不只是一对一地进行练习，而是对抗来自多个方向的多名对手。

在训练的过程中，确保学生不受到伤害当然是一个重要因素，而教练正确地对课程进行指导更为重要。

正如前面所提到的，训练时要抵抗多名对手，并且要切换对手、快速反应（例如在战斗中从地板上站起来），并在练靶场或射击场内与执法和军事人员一同进行训练。

在练习以色列格斗术时（即对练时），应始终做到受控且无伤害，但要尽可能真实。对练的目的是为了提高练习者的训练效果，而不是为了决出胜负。因此，教练对练习进行监督，以及尽可能地参与其中，是尤为重要的。但在这种情况下，教练不应在学员的练习过程中进行干扰，而应从外部进行动作指导，偶尔也要提前要求他们结束。在每一次对练的过程中都应采取保护参与者的预防措施。保护装置包括护嘴、护手、护腿和鞋子等，但是有利于无伤害训练的环境也同样重要。

对练的形式

1. 慢速格斗

双方以较慢的速度进行格斗。这种形式不仅适用于一对一的情况，也适用于多名攻击者对抗一名防卫者的情况。慢速的意思是，每两秒进行一次攻击和防御，几乎都是慢动作。在阅读这本书的时候，很难想象在五对一的情况下会给防卫者造成多么大的压力。这里的重点是学习保持适当的距离。直接打击是值得鼓励的，但同时也应当是缓慢而可控的。慢速格斗的重点是战术行为，特别是与多名攻击者对抗的时候：避开攻击范围，且不要进入下一个攻击范围；不要在多名攻击者之间移动，而要沿着外围转圈移动。对于旁观者而言，这些慢动作看起来更像是一场舞蹈，我见过许多格斗运动员在旁边一边观看一边发出笑声。

但是，每个人在练习时都是从慢动作开始的，虽然它与内在动作的顺序相关，但也与及时意识到距离与攻击相关。对于防卫者来说，直拳的动作模式始终是相同的，不管是快速的还是慢速的动作。也就是说，就记忆性而言，无论击打的速度是快还是慢，内在的动作顺序都是没有差异的。

因此，必须明确这种模式，并且制订防御策略来对付它们。

在慢速格斗中，这种情况比在拳击训练中发生得更为迅速。一个没有经验的人在与一个经验丰富的拳击手对打时连续接招，而他却无法知道原因。也许是因为他的速度很快，或因为他在对方意想不到的位置进行击打。即使他的教练也在拳击场的角落里喊"防守"，但却帮不上什么忙，因为他缺乏拳击知识。

由于以色列格斗术的资深练习者偶尔会遇到一些没有经验的格斗者，因此缓慢的格斗是一种相对无害的方式，同时也能够使练习者们在练习过程中学习和尝试技巧。但这并不意味着练习者非得打到头破血流。慢速格斗是对前文中所提到的Retzev概念的一种很好的锻炼。慢速格斗的目的是在格斗中优化攻击的流程，所做出的动作应当凭直觉和本能，而无须在格斗过程中思考下一个动作。

环境因素可能会造成额外的压力，例如闪光灯和喧嚣的音乐，以及受限的空间视觉。此外，在实战当中可能出现的阻碍因素也是一种压力来源，例如右臂由于受伤而失去作用、左眼肿胀并被纱布包扎起来，或者鼻子受伤被包扎起来等。

图35　在漆黑的房间内，一名防卫者面对闪光灯、嘈杂的音乐以及多名攻击者等诸多压力进行训练

　　在这样的环境下，以色列格斗术中的攻击性练习也是十分重要的，它可以激发并保持练习者的（主动）攻击性，并且训练Retzev原则。这种练习的一个典型例子是在全接触情形下连续更换新的对手。例如，防卫者在进行时长3分钟的格斗训练时，每20秒更换一名新的对手，这样会使他的防守更加困难。对学生而言，这种训练极具挑战性，但根据我的经验，这种训练也能大大提高学生的自卫能力。

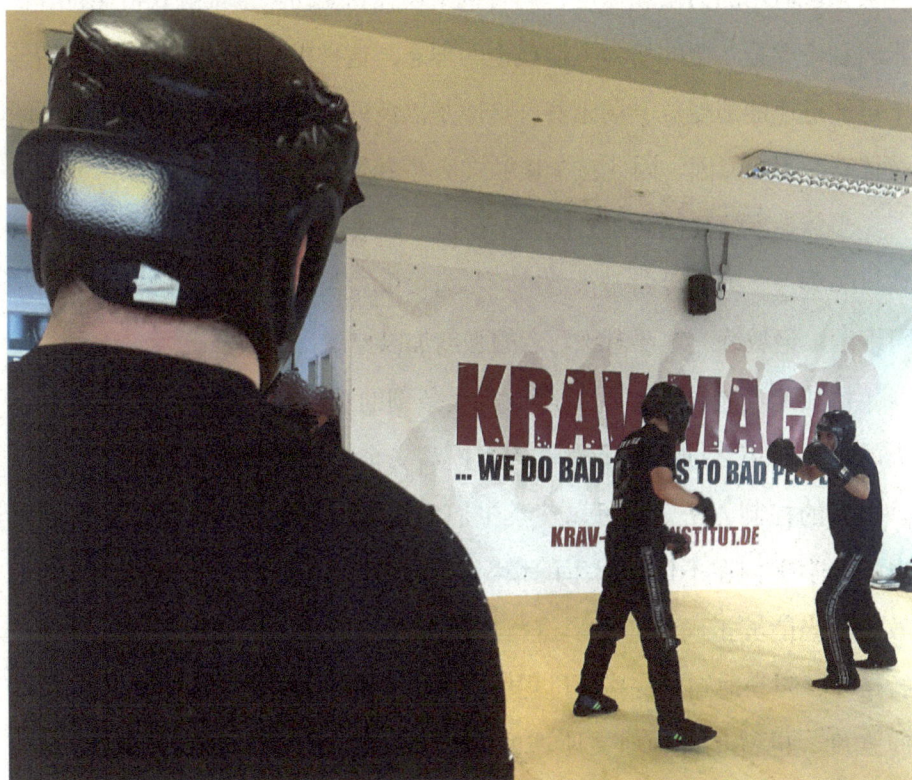

图36　攻击性训练：每20秒更换一次对手

1.1 轻格斗——攻击速度更快，但它像慢速格斗一样可控。轻格斗的速度大约是可用速度的50%，并且出拳非常轻巧可控。在一些格斗运动中，它被称作"半接触式格斗"。此外，对于大多数学生而言，轻格斗是最具挑战性的，一些经验丰富的武术家和高级格斗者则通常用此种方式来识别他们控制力量和速度的能力。

1.2 全接触式格斗——攻击和防御的执行力高达90%。全接触式格斗会采取可用的力量和速度，同时也比较容易受伤。全接触式格斗符合伊米·利奇滕费尔德的培养主动攻击的理念，这种格斗方式在一对一的情形下可能迅速地演变成一场比赛，这便是以色列格斗术不断变换对手、不断替代新对手的原因，因此在全接触式格斗中会同时有多名攻击者。

当然，事情往往会失去控制，在格斗最激烈的时刻，"缓慢"或"50%或90%强度"的指令常常被忽略。尽管"90%强度"在全接触式格斗中是可取的，但教练一定要对练习者的强度加以控制。

格斗速度越快，管理和遵循安全条例的难度也就越大。因此，在一天的训练结束之前，每个人都应当提高安全意识。间歇性体能训练是一种很好的控制方法，它可以使学生们不断地提升自己的体能水平，同时也能让学生们在不伤害对手的情况下消耗体能。一名好的以色列格斗术教练应当能够正确地对情形进行把控。教练引导学生们以20%的强度进行格斗，因为他知道在格斗过程中，学生们的格斗热情会使他们达到40%的强度。也就是说，前文所述的90%的强度实际上相当于受控的100%强度。

2. 狩猎练习

图37　以色列格斗术教学的创新思路

狩猎练习对于Retzev来说是一项非常好的心态准备练习，也是一种有效的攻击距离基本训练。狩猎练习看起来与跆拳道课程类似（因此不推荐运用到系列练习中），它包含了攻击距离的基本技巧。如果我是一名平民，那么在攻击者距离我较远的情况下，我会伺机逃跑；而如果我是一名士兵，那么就要根据情况进行战斗。

如果攻击者的距离较近，他则可能处在踢打范围之内。在进行双人练习时，应采用踢垫或大盾牌来练习真正的踢打。当"我"完成脚踢动作自然向前移动之后，要立刻观察周围，并向后退。这时，"我"要思考"我"在进行踢打之后要做什么，或者更确切地说是思考"我"处于怎样的距离范围之内。如果处在拳击范围内，则手脚并用继续进行攻击，接着迅速扫视周围是否有其他攻击者，同时向后退。

这样，就能够留出一段距离，以防止锤击、肘击、膝攻击、头击和咬等动作，即处在能够避开这些攻击的位置。

按相反的顺序重复以上动作。当然，在近距离的武装威胁的情况下，也可以视情况进行抓取。

图38   在军事训练中可以抓住近距离的武器

当"我"熟练地掌握了这些基本技巧之后，就可以进行实战练习，同时使用防护垫来测试哪种武器最具有威力。训练开始时，"我"采用攻击姿态。当教练发出"狩猎"的指示时，就要开始进行技能评估了。此时，你必须立刻从练习模式切换到Retzev模式，因为这项训练的目的是尽可能快地让拿着防护垫的人从房间的一角移动到另一角，同时观察整个距离范围。当然，在这个过程中要使用新学到的技术（比如说不采用推挤的方式）。在这项练习中，不可以选择放弃，它是一场比赛。在角落里拿着防护垫的练习者在抵抗的同时也无法前进。踢打动作必须真实。在防护垫的保护之下，训练伙伴几乎不会感到疼痛，因此也会产生一些与现

实情况不相符的抵抗力。不过，在打斗的情形下，肾上腺素可能会促使
对方以同样的方式进行抵抗，这使得这项运动再次变得与现实相符。但
是教练必须随时对情况进行监督，尤其是在训练初学者时。这项运动既
能提升竞争力，又能增强练习者的斗志。在进行这项练习时，也是手持
武器来完成的。

　　当然，练习者还可以选择从侧面进攻或在侧面使用防护垫进行防守。
在做这项练习时，要明确我们为什么必须移出当前的攻击线，然后绕着对
手移动，而不是停留在攻击线上。接着我们就可以进入下一个练习了。

　　3. 快速反击

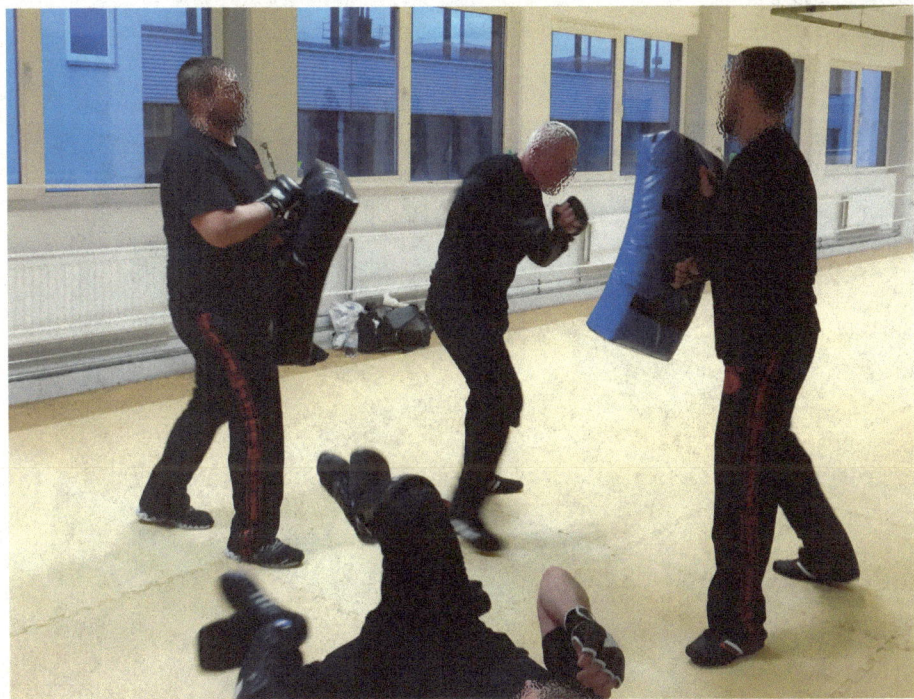

图39　针对不同方向快速移动的目标进行快速攻击

　　在做这项练习时，训练者可以分为两个小组。防卫者保持站姿，观察

手持防护垫并在不同距离绕着自己移动的攻击者（从180°开始）。当攻击者水平地举着防护垫时，防卫者始终是被动的。而当攻击者垂直地举着垫子时，防卫者即可根据距离发起一系列攻击，直到攻击者再次水平地举起防护垫。所以，如果攻击者站在120°方向0.9~1.8米的位置，那么正确的动作应当是先侧踢，紧接着使用侧锤拳，转向对手并采用拳击、膝攻击和头击等一系列动作。现在，防卫者闭上眼睛，当攻击者用垫子轻拍他时，他立即做出反应。接着，防卫者要开始承受全方位的攻击，包括身后的垫子攻击，并面对两名或三名处在不同距离以及处于跪撑姿势且手持防护垫的攻击者。在此过程中，教练还可以发出"近距离""中等距离"或"远距离"等指令。

4. 接力游戏

图40　有趣的互动热身游戏——"接力游戏"

"接力游戏"是一项非常好的热身游戏，它能够在训练之前提升练习者的心态和反应能力，并锻炼他们保持距离和进行观察的能力。在我的学生时代，我们把这个游戏称作"传球游戏"，不过它并不是一个真正的传球游戏。它的游戏规则是先从小组中选出一名攻击者，这名攻击者可用脚踢等方式攻击其他玩家。如果我被踢到了，我可以踢回去或者攻击另一名离我较近的玩家，被攻击者要么反击我，要么找一名新玩家进行攻击。在较大的群体活动中，这项游戏的运动性非常高，它能够极大地锻炼学生们观察周边潜在的攻击者及寻找逃跑路线的能力。

5. 打手背

"打手背"虽然是一种常见的儿童游戏，但它可以很好地锻炼人们快速反应的技巧，比如在受到刀具或手枪等武装威胁的时候做出快速反应。在这项搭档游戏中，两名玩家的指尖相互触碰，一名玩家的目的是迅速拍打对方的手背，而另一名玩家则要迅速将手抽离，避免被打到。游戏的玩法是一名玩家试图快速拍打另一名玩家的手，同时另一名玩家手心朝上，尽量躲开对方的拍打。很显然，在这个游戏当中，你不能看着搭档的眼睛，而要注视着他的双手（熟练后可以运用武器进行练习）；你必须调整正确的位置和距离以进行快速而准确的攻击，如果速度不够快，对方就能规避你的动作，而这在面对配有装备的威胁的情况下就可能会产生致命的后果。

6. 击剑游戏

这个游戏是针对直接攻击（例如直接用拳头击打或用刀具捅刺）进行防御的趣味练习。学生在做这个游戏时，分为两人小组，两人同时使用手进行打斗，先用左手，然后用右手，最后再用双手。该游戏的目的是用手指"刺"对方的上半身（而非脸部或裆部），不过，由于手指比较脆弱且容易受伤，因此出于安全考虑，我们在做这个游戏时使用拳头来进行。用一只手时，我可以选择进行防御或攻击；双手并用时，我可以同时进行防御和攻击。在近距离格斗中，以色列格斗术的技巧是本能防御。

7. 僵尸游戏

图41　僵尸游戏

僵尸游戏的方式是多名攻击者伸出手臂缓慢地接近防卫者，并试图抓住防卫者的颈部。"缓慢"的程度为每两秒进行一次攻击，就像我们印象中的僵尸那样。此时，防卫者要避免被抓住，并且由于距离的原因，在游戏过程中无法进行打斗。在这个游戏中，防卫者不应从攻击者人群中间穿过，这在战术上是不明智的。在面对多名攻击者时，"我"的背部至少会随时朝向一名攻击者。但在这种情况下，防卫者不需进行技巧性防卫，仅需直观地推开"僵尸"的手臂，使其身体向外旋转。

在做这个游戏时，以色列格斗术的初学者们往往会产生不同的反应。通常，他们首先会试图对付所有的攻击者，而在这样做的同时，他们往往会忽略自身的战术行为，有时甚至会忽略常识性问题。此外，隧道视觉在这个游戏中非常重要。当压力较大时，视野会变得越来越有限，因此在进行僵尸游戏时，练习者也会承受一定的压力。解决的办法是调整自己的位置，使所有攻击者位于自身的有限视野范围内；不要向后移动，而是通过横向移动来脱离攻击范围。

此外，压力因素也会带来额外的问题，我们必须对其进行消除。"僵尸"越多，防卫者的压力也就越大，至少防卫者的思维会受到影响。但如果以旁观者的角度看，你就会注意到攻击者往往相对集中，且他们的目标都集中于攻击行为和可活动范围，即使他们与防卫者之间的距离遭到其他攻击者的限制和阻碍。从表面上看，按照每两秒一次的频率进行攻击的两名攻击者，相较于6名攻击者要更加灵活，也更难防卫，因为6名攻击者在共同攻击时会相互造成阻碍，而对于防卫者而言，这种情况下的两秒停顿时间可以转变为4秒甚至更久。防卫者消除压力因素的解决办法就是采取战术策略，即围绕这群"僵尸"进行反方向移动；也就是说，不要总是向一个方向移动，也要通过反方向移动来妨碍攻击自己的"僵尸"。当然，防卫者的行动是很迅速的，不会像僵尸那样缓慢。

这个游戏当中的压力因素、隧道视野和战术都对以色列格斗术的练习非常有帮助，它对于部分课程而言也是一种极好的课前准备运动，例如前文中所讲的窒息及其他技巧（即采用"僵尸"的方法练习打脸或练习头部攻击）。总体来说，教练可以通过僵尸游戏观察练习者的本能反应，并基于此进行教学。

教练可以为高级练习者制订各种丰富的内容，以防他们感到无聊，例如进行间歇性健身训练或将僵尸游戏的攻击频率从2秒改为1秒，这样他们一定会感到兴奋！

当压力较大时，防卫者意识到在这种情况下很有可能被多名攻击者击中或掐住脖子。即使是在健身房里，防卫者也应当很快地意识到自己是孤身一人，没有人会帮助自己，他必须靠自己来摆脱困境。这也是防卫者在受到一次或多次攻击之后绝对不能选择放弃的原因。"僵尸"快速地向前和向后移动增加了额外的压力，因为此时的攻击不再是静态的，他们的许多动作都难以察觉。在这种情况下，搭配黑暗的环境和嘈杂的音乐也是一种很好的练习方式，还可以设定另一名必须受到保护的人。以我的经验而言，僵尸游戏即使对铁人三项选手来说也十分具有挑战性，引用一名军事教官所说的话："即使是最厉害的人也未必能掌握它。"

8. 死亡之环

"死亡之环"练习特别适合在课程结束前进行。防卫者站在或躺在一群学生中间，在这之前，他已经练习过保护自己的必备技巧。此时，防卫者闭上眼睛，周围的攻击者从不同的位置、不同的角度采用不同的技巧对他进行攻击。

值得一提的是，当你闭眼遭到攻击时，要注意的第一个要点就是睁开眼睛。这听起来或许再正常不过，但很多人在过于紧张的情况下往往很难做到这一点。同时要注意的是，教练需要对攻击者们进行安排，在必要情况下要使他们停止攻击。安全始终是重中之重。

在做这项练习时，还可以运用一定的想象力，攻击者可由一圈扩展为两圈。在这种情况下，防卫者在两圈攻击者中间移动，由攻击者围成的圈也同时进行移动，这些攻击者都有各自的编号。当教练喊出编号时，被喊到的攻击者则进行攻击。除了那些喊编号的人外，没有人知道攻击将来自哪里。

图42　死亡之环

9. 死亡之墙

"死亡之墙"也非常适合在以色列格斗术课程结束时进行。防卫者闭上眼睛等待即将来临的攻击。在理想情况下，当攻击开始时，防卫者能够选择正确的防卫方式，并能够安全地摆脱攻击。接着，他要穿过左右两排拿着大垫子进行推挤的"人墙"，或者穿过左右两边以可控的方式对他进行攻击的"人墙"。防卫者要用尽一切方法，努力对抗由训练伙伴为他建造的"人墙"；穿过"人墙"之后，还会与一名最终的对手进行对打练习或体能练习。在整个练习过程中，都是基于永不放弃的原则进行的。在这些游戏项目中，以色列格斗术的教学方式着重于身体和心灵的综合功能性训练，它与大多数传统的武术和格斗运动有很大的区别。

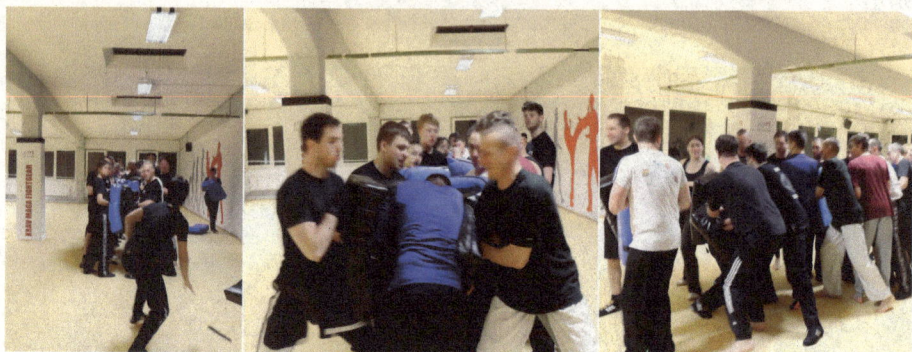

图43   死亡之墙——无论发生什么都不要放弃

10. 混战游戏（Balagan风格）

在希伯来语中，Balagan的意思是指混乱或失败。在许多以色列格斗术课程中，混战游戏也是一个非常合适的预备练习。学生们在限定区域内自由移动，同时不触碰到任何人。接着，大家开始通过轻拍头部或肩膀的方式进行触碰。游戏的目标是学生们在没有被触碰到之前击打并找出标记。然后学生们要开始攻击他人的腹部或大腿、踩脚或将训练伙伴推出或拉出限定区域。这些方法可以同时使用。教练的想象力几乎没有任何限制，这取决于他想要向学生教授的技术。这个游戏可以大大提高学生的扫视技能和意识。教练需要通过演示来教导学生接下来会发生的事情，并使学生们知晓这个游戏有时会带来一些伤痛。

图44　混战游戏

11. 迈克·迪尔发明的Tabata间歇训练法

　　Tabata间歇训练法的特点是持续时间短、强度高。Tabata训练是一种激烈而短暂的间歇性的训练，且由于它的练习动作较具功能性（或者说它是一项功能性练习），因此它是一种理想的体育专项练习。体育游戏、格斗运动和军事体能训练，特别是以色列格斗术的特点都是强度高，同时，在开始培训课程之前的准备时间往往较短，因此Tabata训练是一个非常好的选择。

图45　Tabata间歇训练法

➡ Tabata间歇训练法有助于提高限制体能极限的最大摄氧量，这在体育游戏和格斗运动以及军事体能训练中尤为重要。

什么时候运用Tabata进行训练?

➡ 除了巩固阶段以外，Tabata训练适用于任何阶段的训练；

➡ 在进行纯粹的战术训练之前，它是一个非常理想的选择，它能够同时锻炼心理承受能力并消耗体能；

➡ 它对训练的准备阶段非常有帮助；

➡ 可以结合两种惯用的训练内容；

➡ 花时间进行巩固。

Tabata间歇训练法适用于：

- 田径运动训练；
- 间歇训练（跑步）；
- 教练认为合适的多项运动；
- 使用任何类型的设备或运用自重时；
- 常用的练习；
- 运动员应当充分进行休息，精神饱满地开始训练。

为什么选择Tabata？

- 耗时短（快速训练）；
- 简单；
- 强度大；
- 高效；
- 通用；
- 训练内容短而多样化；
- 对教练或导师有帮助；
- 花费的时间短，能够留出更多的时间进行战术训练，且有助于创新出更短的培训内容；
- 将合格的参与者变为合格的格斗者。

补充运动以及将学生当成客户、同事或朋友

9

补充运动以及将学生当成客户、同事或朋友

　　所有能使你保持健康和促进耐力与协调性的运动，都对以色列格斗术的练习有帮助。特别是各种包含身体接触的格斗运动都能带来很大的益处，而像综合体能训练或壶铃训练等功能性健身方式也是非常好的补充练习。像拳击、跆拳道和柔术等体育运动还可以打造完善的基础。

　　许多练习者在完成巴西式摔跤之后往往会受伤，因此，除了长时间的地面格斗外，我还针对以色列格斗术课程安排了一些补充练习。其中，射击练习深得我的喜爱，它也让我认识了许多新的好朋友。射击练习需要我们快速掌控情况，同时制订正确的策略，因此它对我而言是一种非常适合的补充练习，这项运动会让我非常兴奋。

图46　射击练习

教练通常会把学生当成搭档、同事甚至是朋友，但在训练时依然要保持严苛。

就我个人而言，有时我很难将适用于不同背景的学生的技能归纳出来（例如针对性暴力受害者进行女子专项训练）；同时，作为一名主教练，我需要招募多名学生，让以色列格斗术学校保持营业。

因此，我个人的解决方案是保持适当的距离，同时能够保持倾听，并为教练工作制订明确的界限。一些教练在通过教练考核之后就会对学生提出过分的要求（例如让学生在街头进行训练，并且毫无节制，但教练却认为学生应当尊重他的指示）。

有时，出席一些研讨会也会遇见自大的培训师。令我印象深刻的一次是我在以色列的时候，我走进一家以色列格斗术练习室，一名德国教练对我说："抱歉，练习室的这一边是留给专家的。请你到后边去。"所以我们就要回到第3章的主题，如何才能称为一名合格的教练，也就是如何融入团队中领导整个团队。教练并不是无敌的超人，他们只是为学生传递知识并尽其所能帮助学生做好准备的人。此外，教练并不会在真正的危急关头出现。

10

军用以色列格斗术——军用近战

图47　军用以色列格斗术——军用近战（1）

如前所述，在技巧方面，军用以色列格斗术（即军用近距离战斗）与一般公务人员（如警察、司法人员和消防人员等）所练习的以色列格斗术并没有太大的差异，它们之间的关键区别在于，对于军事人员而言，他们的目的不仅是制服攻击者，而且要在考虑一般战斗规则的前提下使攻击者丧失行动能力。军用近距离战斗的座右铭是："你不是在近战中获胜，而是在近战中生存！"

军用以色列格斗术在某些程度上与执法训练相似，假设在军用以色列格斗术的训练当中，士兵同样使用武器作为一般道具，那么他们在训练时总会手持武器，因此就只能靠一只手来进行格斗。但这并不是最重要的，主要是因为士兵们即使在没有武器的情况下，也必须能够保护自己。

士兵的近距离战斗课程或自我防卫课程主要训练的是士兵在紧急情况下，即在战斗环境下尽快地做出适当的反应。无论士兵是否有过定期训练的经历，也无论士兵的性别，都可通过综合的训练课程尽快做到这一点。

在军用培训课程中，要将军用近距离格斗和非武装自我防卫区分开。此外，这两者也不同于建立在前述体系基础之上的一般近距离格斗，它们专门针对特种部队和士兵进行专项培训。

军用以色列格斗术与执法型以色列格斗术相反，其区别在于，军用以色列格斗术的防御部分占比较低。此外，不管是在实战中还是训练过程中，士兵都需要运用军事装备来采取更强的防御措施，但他们也会因此受到更多的限制，例如带着皮带、箱子、低腰皮套、沉重的背包等。同时，可以假设对手也身着防弹服等装备获得了同样的保护，并且位于像执法型以色列格斗术或民用以色列格斗术中可能遭到攻击的区域；事实上，对手可能采取了相当好的保护措施，因此几乎不可能在这些区域攻击他们。

图48　军用以色列格斗术——军用近战（2）

军用以色列格斗术通常需要士兵做好充分的准备，在面对有可能造成致命伤害的暴力行为时用一切可行的手段来保护自己。他们的目的是继续执行任务。

　　尽管对手可能持有战斗装备，但防卫者仍然可以很容易地接触到对方的某些身体部位，例如颈部区域、关节（尤其是肘部和膝盖）、头部和眼睛以及裆部。在军用以色列格斗术的训练中，全副武装的近距离格斗训练与身着轻型服装或运动服装的近距离格斗十分类似。练习方式包括使用武器和不使用武器，以及模拟限制条件（例如模拟能见度不佳的环境、使用一只手臂、使用一条腿），就像在室内或开阔的室外一样。

图49　军用以色列格斗术——军用近战（3）

　　学习军用以色列格斗术的学生在训练解救人质的课程中，同样要放下武器来对付经过武装或未经武装的对手，这些情况包括第三方保护，也就是指对另一人进行保护。因此，军用培训的内容包括以色列格斗术的自卫技巧以及军事部署的手段。此外，军用培训还包括使用一般工具（即手枪或肩式武器）作为对付一名或多名攻击者的冲击兵器，同时还可使用它们来抵御刀具和枪械的威胁。此外，培训内容包括冲突情况下的战术行为、自我防卫期间的团队协作、与冲突方对峙或者在冲突激化时的行为动作、针对物理攻击的化解技巧，以及在狭小空间内的自我防卫技巧和紧急救援技巧（狭小空间通常是指近距离战斗以及条件不利的情况）。技巧取决于练习者的学习进展。在保证士兵们训练安全的前提下，学习效果始终是最重要的。

图50　军用以色列格斗术——军用近战（4）

永不放弃！

图51　军用以色列格斗术——军用近战（5）

　　在军用以色列格斗术的训练中，通常都不会选择逃跑，除非可能在短时间内移动到更好的地理位置。此外，也要避免僵住、犹豫不决或者放弃！

　　简而言之，伊米·利奇滕费尔德所发明的以色列格斗术训练的方法论和教学原理，其目的是用最短的时间教会士兵在紧急情况下做出快速调整，并且在战斗中尽可能生存下来。军用以色列格斗术训练能为士兵提供简单有效的方法，在实战中防范暴力袭击。

　　此外，训练的成效在很大程度上都与精心设计的训练方案有关。其目的是让士兵们在训练过程中模拟真实场景，以确保他们学会正确的技巧。室外以色列格斗术在这一点上有着非常明显的优势。

图52 军用以色列格斗术——军用近战（6）

室外练习可使士兵们更加有效地学习以色列格斗术的技巧，容易使他们在真实场景中将所学的技巧联系起来，以在压力之下运用所学到的知识。其目的是限制士兵的体能和精神能力，以增强他们的战斗意志，并不

断提高他们的自我防卫和保护第三者所需的力量、速度和协调能力。此
外，以色列格斗术训练中非常重要的几点包括战术行为训练、正确的评估
和适当的反应。这些与自卫相关的行动课程会根据不同的级别，参照其各
自的规则，并通过训练进展而不断展开。

10.1　基础练习

图53　基础练习（1）

　　基础练习包括一些基本技巧，例如正确且实用的姿势和动作，以及正
确的（向下、向前、向后、向侧方）动作招式，以及在被抓住武器时正确
的踢打技巧。因此，基础练习是近距离实战格斗学习内容的理论基础，它
可以帮助士兵了解在后述情境中时应该怎样做，并根据攻击者的距离采取
行动。

所谓的"时间轴"是以色列格斗术练习的核心要素。它能够决定一个人根据攻击距离采取行动的能力,这取决于攻击者接近的速度有多快。

a)距离较远(大于7米)

以往的各种研究案例,特别是由美国政府和芝加哥大学从1994年到1995年的研究表明,当一名持有近身武器或刮刀,或持有枪械武器的带有侵略性的攻击者的距离不超过7米时,我们很难有效地对其进行阻拦。因此合理的结论是,一名士兵必须有能力有效地对抗来自小于7米距离的攻击,或对攻击者进行阻拦。在民用以色列格斗术中,在这种情况下,逃跑是最佳选择。

图54 基础练习(2)

　　而对于军用以色列格斗术而言，这就意味着要调整至战斗状态，夺取武器，有时还需要进行射击。但是，我们并不一定要将7米作为标准，同时也不建议教练以7米作为黄金标准来教导学生。在一些情况下，攻击者被多口径武器击中多发子弹，但仍然能够在肾上腺素的支撑下或药物作用下刺伤防卫者。以色列格斗术解决了这一问题，且随着个人的备战工作的建立，它总会强调这样做的必要——无论出于什么原因，防卫者都必须准备好使用冷兵器（经过处理或未经处理）进行战斗，而非射击。

　　无论手中是否持有武器，我们都要做好由于攻击的距离或由于武器故障而造成的武器失效的准备，我们必须以另一种方式来保护自己。

b）距离2~7米

　　踢腿

图55　基础练习（3）

与民用以色列格斗术不同的是，士兵的踢腿范围会在很大程度上受到他所携带装备的限制。由于携带着装备、沉重的背包，或因为恶劣的天气条件，因此高踢腿，即针对裆部以上的踢腿不可作为军用以色列格斗术的选择。即使是在泰国跆拳道中常见的低踢腿，踢对方的大腿部位将其击败也是不合理的。军用以色列格斗术的目的不是进入竞争态势，通过反复瞄准身体的某一部位慢慢地将对手击倒，而是要尽可能快地完成战斗，至少保证自己生存下来。

回旋踢，即圆形或弧形的侧踢腿也不应当使用，因为在使用回旋踢时，脚会持续移动，防卫者可能会进行快速转身回到原先的位置。在任何情况下，我们都不应该将背部冲着对手，哪怕只有一秒钟！

c）距离小于2米

击打

无论对方是否持有武器，当他过于靠近"我"，以至于"我"无法使用脚踢时，"我"就必须使用手掌（即打开的手掌下部）对其进行掌击或拳击。在这个位置进行攻击能够大大地降低手指关节受伤的风险，对经验不足的练习者来说尤其如此，而它仍然可以和常规的拳头击打同样有效。

击打还包括锤式拳，这是一种类似于用拳头把钉子敲进墙上的动作。不管是侧向的、水平的还是垂直的，它的运用距离都比常规的击打更近，因此"我"与对手之间的距离也就更近；它也可以手持武器来进行。

图56　基础练习（4）

当"我"由于距离原因而无法进行脚踢时，"我"可以使用手肘进行击打或用膝盖踢对方。在这个过程中，肘部击打可以是水平的、垂直的、向后的、向前的、侧向的，与锤式拳类似。

以色列格斗术练习的一个重要部分就是如何正确地面向对手。"我"用手臂护住面部，同时不遮挡住自己的视线，然后转身。如果"我"意识到对方会对"我"进行攻击，则利用肘部对其进行还击；如果对方与"我"拉远距离，那么就使用锤式拳攻击对方，并转向他，继续进行防御，或者至少保持战斗状态，同时观察周围环境以增加攻击力。

如果"我"与对方的距离过近，以至于"我"无法对其进行脚踢，那么"我"就会用"我"的膝盖来攻击，使用膝盖直中对方的档部。

对于戴着头盔的士兵来说，在近距离格斗中非常适合用头撞击对手，其中包括向前撞击、侧方撞击和向后撞击。在更近的距离下还可以采用咬的方式来进行攻击。

我们可以根据情况运用脚踝和关节技巧，不过这些技巧通常比较耗时间，如前文所提到的，在以色列格斗术中，我们不单单是在垫子上与对手进行格斗。

正如我之前所说，无论是否持有武器进行训练，都要穿戴全套装备或户外制服，并且左右（即较强的一侧和较弱的一侧）都要进行防护。

当士兵们熟练掌握了这些基础知识，并且在自身的防御体系中建立了对不同距离的处理方式，且已掌握了以色列格斗术中规定的策略性战术行为的所有步骤（例如辨别威胁、脱离攻击线、正确的定位）以及扫视行为（即在每套动作结束后对周围进行观察）之后，即可开始以色列格斗术的技巧培训。

10.2　军用以色列格斗术的教学准备

此处所给出的例子并不完全详尽，仅包含在以色列格斗术教学中可能出现的部分情景示例。书本是始终无法代替实际培训的，它主要是向教练提供技术执行以外的教学辅助技巧，并说明以色列格斗术教学的结构，同时解释军用与民用自我防卫之间的区别。

图57　教学准备

　　此外，如本书开头所述，以下情景并不表示所演示的是正确的技术，它们只是一些情景示例。

来自外部的360°攻击

外部防御

在这个例子中，士兵用左手挡住了刀具的攻击，同时使自己的身体远离刀具。由于他的位置因素和他戴着头盔的客观条件，他也在同一时间对攻击者进行了头部攻击。依距离来看，可以从攻击者的面部或喉部入手。此处所采用的方式与在民用以色列格斗术中防卫者远离攻击的方式不同，在此情况下，士兵要向对手移动，因为接下来他需要采取进一步的攻击，而不是逃跑。

如果士兵持有肩式武器，那么他就可以用它来阻止攻击，进行身体防御。

当士兵视情况采取战术围绕对手移动时，他可以在自身脱离攻击线时先稳住对手（例如踢对手的膝盖）。

攻击膝盖的目的是为了使对方受伤并阻止其进一步的战斗行动。

图58　外部防御（1）

图59　外部防御（2）

图60　外部防御（3）

在军用以色列格斗术中，垫上训练固然重要，但如前所述，在训练课程结束时对所学内容进行综合练习以及对情景中的问题进行明确示范同样重要。

以下是各种情景示例的汇总，包括在以色列格斗术课程结束时综合训练的练习。

图61　外部防御（4）（5）（6）

士兵进入一个房间，有人用一根棍子从上面对他进行攻击。他本能地避开，并用他的武器成功偏转了攻击，同时移开攻击线。

他的反击使他与对手之间拉开了一定距离，在位置上进行了策略性定位，并进行了战斗准备。

图62　外部防御（7）

持有长枪时针对直接攻击进行内部防御

如果士兵手持武器，那么他就要在不松开武器的情况下，用武器抵挡即将来临的直接攻击。攻击者直接击打（或使用刀具伤害）士兵的脸部，士兵使用长枪规避攻击，然后将身体向斜前方移动，脱离攻击线。紧接着，他的双脚与对手的双脚相互平行。

图63　内部防御（1）

图64　内部防御（2）

防卫者向斜前方移动，脱离攻击线，使他能够使用手中的武器击打对方的面部。在防卫者脱离攻击线并围绕对方进行移动的同时，他与攻击者拉开距离。防卫者也可以根据距离对攻击者进行脚踢。

在成功抵御攻击之后，士兵在扫视和检查周围环境的同时，要视情况返回起始位置或对手周围，然后排除潜在的武器故障，并收起武器。

关于直接攻击的另一个例子是对方抓住士兵的武器。一旦被对方抓住武器，就可能造成致命影响。

图65 士兵的武器突然被对方抓住（3）

图66　对方抓住武器后造成威胁（4）

　　在这种情况下，如果距离较大，则可视情况脚踢对方的裆部或膝盖进行攻击来解围。

图67　内部防御（5）

在这种情况下，如果距离较小，则可视情况通过旋转手柄使武器从对方手中挣脱，然后根据当时的威胁情况，向对方的面部进行反击。

这种技巧类似于民用以色列格斗术训练中被对方抓住T恤的处理办法。

身体攻击：锁喉

图68　身体攻击（1）

虽然经过武装的士兵几乎不太可能成为锁喉袭击的受害者，但这些攻击类型非常适合于对前一章中所讲述的以色列格斗术原则进行实践和内部消化。

以下是士兵被锁喉的例子。他首先要使自己能够进行呼吸，然后才能做出进一步的行动。

在这个例子当中，士兵极具攻击性地使用武器（即使用一般道具）刺向对方的面部或颈部。

图69　身体攻击（2）

与之前的练习一样，每次以色列格斗术的练习都以扫视周围是否有其他攻击者或制服攻击者为结束。

如果被侧面锁喉，首要任务是先让自己能够呼吸，然后再进行反击。

图70　身体攻击（3）

图71　身体攻击（4）

　　这个例子展示了使用手枪进行面部反击，或使用长枪对对方的裆部进行攻击。

图72　身体攻击（5）

图73　身体攻击（6）

　　这些类型的攻击更有可能来自后方而非前方，特别是士兵被锁喉时被向后牵拉的动作。

图74　身体攻击（7）

　　将一个人的头部固定并进行推拉是在多人参与的平民格斗中最常见的攻击类型之一。在这种情况下，士兵可以使用自己的武器击打攻击者的颈部、裆部或者后脑勺，以解除困境。

　　以下这一点教练可能不会经常在课堂上提到，因此我要再次强调：士兵在运用每一项技术之后，都要以扫视周围环境来结束！

交换武器：抵御武器的威胁和武装攻击

　　在前文所讲述的技巧中，对手都是没有进行武装的，且不会对武装士兵造成攻击，因此，接下来的内容将会反过来。现在对手进行了武装，士兵暂时不可使用他的主要或次要武器。这些技术应当与先前的技术没有明显区别，这正是以色列格斗术所训练的内容，它们都是融会贯通的。因此，当有人从后方扼住"我"的颈部、用刀架在"我"的脖子上或用绳子勒住"我"时，动作模式几乎都是相同的。

图75　武器威胁：刀子从后方架到脖子上（1）

　　在这个例子中，士兵本能地将他的手移动到尽可能靠近受到攻击的位置，然后抓住攻击者的手，防止他进一步令自己窒息或割伤自己。

图76　武器威胁：刀子从后方架到脖子上（2）

　　从后方进行持刀攻击是一种恐吓行为；攻击者只想向被攻击者进行索取，而不打算立即杀人。

　　因此，在这种情况下，首先需要视情况使用技巧。如果被攻击者被绳子勒住，必须做出迅速的反应；而如果是脖子被刀子架住，则不要过快地做出不受控制的反应或者不稳定的动作。

　　而此处的技巧并非最重要的，以色列格斗术的各种技巧都在不断更新和完善。不久前，我学习了使用手指挡在脖子和凶器之间的技巧来保护自己不受到锁喉的攻击，但这种技巧在实战的快速攻击中已经被证实是无效的。因此，现在要做的应当是立即打击对手，以防止其继续采取行动。

在这两种情境当中，我都转身进行了攻击，因为当有人从后面扼住我的脖子时，这是一种本能和自然的反应。

图77　阻止对手继续采取行动（1）　　图78　阻止对手继续采取行动（2）

因此，相对于技术而言，基本动作并没有改变。让基本动作改变几乎是不可能的，尤其是因为一开始的动作是建立在本能反应的基础之上的。

在地面上时：尽快站起来！

我很喜欢与我的拳击伙伴进行地面格斗，并试图降伏对手。如果没有这种类型的地面格斗，也就不会产生现在的MMA和笼中格斗比赛。这是一项非常好的运动，我投入了相当大的热情，并且现在也热爱着这项运动。

以色列格斗术并不是要通过各种关节技和锁喉等巧妙的手段迫使对手放弃，而是要尽快摆脱伏地格斗的局面。原因很简单，自卫并不是在垫子上进行的一对一的比赛，需要进行自卫时，通常不会穿着健身服甚至军服。

在军事地面战斗中，如果出现这种情况，士兵通常会受到装备的极大限制。同时，还可能出现多名对手。因此对于士兵来说，首要任务就是重新利用他们的武器。然而，现代军队在地面作战指令中仍然将把对方的手臂和腿固定在地面上作为黄金标准，这一点令我感到费解。或许各届柔道世界冠军能够成功达到这种标准，因为他们都经过了大量的训练，因而产生了本能的反应。但对于大多数普通士兵而言，要做到这一点仍是相当有难度的。

从直立到卧倒

当你卧倒时，首先必须使自己尽快站起来！

图79　从直立到卧倒（1）

在这种情况下，首要目标是迅速解决问题并进行反击，然后采用正确的方法从地上站起来（头部不要过于靠近对手的脚，以免被他踢到）。

图80 从直立到卧倒（2）

此时的初始动作和初始本能反应与先前站立时的相同情景没有区别。

图81 从直立到卧倒（3）

在训练过程中，躲开一个甚至是两个地面格斗者的橡胶武器攻击就证明是成功的。

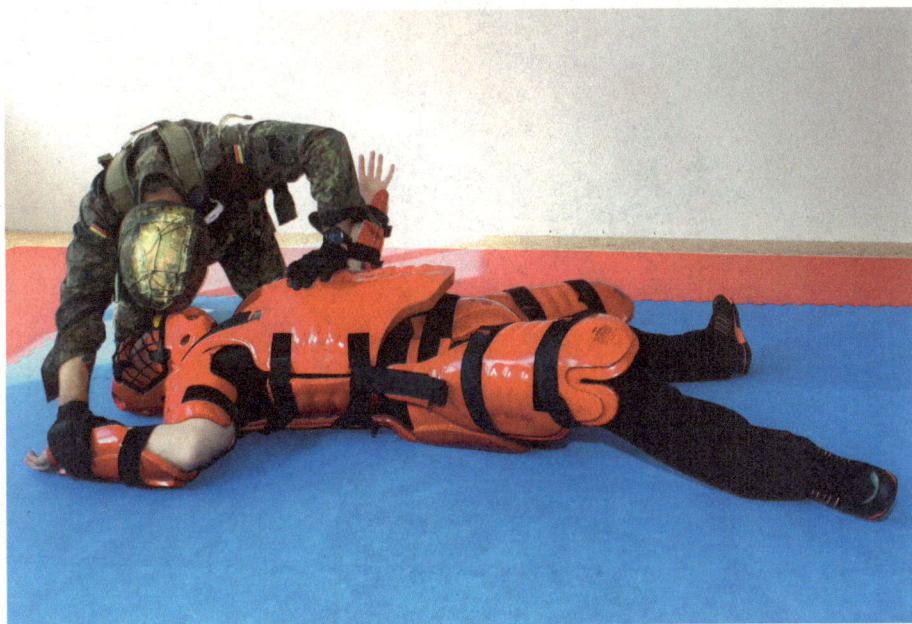

图82　从直立到卧倒（4）

例如，一方必须确保另一方不能拔出橡胶刀或蓝光模具枪，或试图将武器从身上拿走，同时也要避免自己被刺伤。当然，也可以选择几个人一同进行，或是一对一进行。

在这些类型的训练场景中，即使是经验丰富的地面格斗者也会改变他们之前的模式，并凭直觉做出反应，也就是站起来。"我"要摆脱这种情形！

武器威胁：不要过快做出反应，要保持冷静

图83　武器威胁（1）

在训练中，以及在紧急情况下，防范武器威胁是一个相当敏感的话题。攻击者使用武器进行威胁，试图实现大规模的恐吓。

在大多数情况下，攻击者在当时都不具备明显的杀人意图。这正是以色列格斗术场景训练的组成部分。如果攻击者进行远距离射击，那么即使是最好的以色列格斗术也无法派上用场。这也是近距离格斗体系存在的原因。以下是军用以色列格斗术课程开始前的介绍及指导：在受到武器威胁时所做出的每一个反应都需要分析态势并调整行为，即识别和评估威胁情况。

通常，在自我防卫训练中，与武器相距仅有一臂的距离。如果超出此距离的范围，并且武器已扣上扳机，那么就几乎不可能进行有效防御了。此外，同样重要的一点是，要给予攻击者安全感，并让他相信自己占据绝对优势，然后在适当的时候利用演技来缩短距离。在以色列格斗术中，我们将其称为"哭泣游戏"，也就是在攻击者面前"假装哭泣"，以分散其注意力，然后突然采取行动。

如果被人持刀威胁，那么防御的根本就是抓住武器或持武器的手。前提是要使自己的手位于比较靠近武器的位置。

图84　武器威胁（2）

图85　武器威胁（3）

　　这种情况与常见的基础以色列格斗术的本能反应准则有所不同，特别是当我们的孩子们在玩警察与强盗的游戏时，当玩具手枪的持有者叫道"举起手来"的时候，大家就会把手举起来。

　　在一些儿童游戏中，可以很好地练习正确的手部位置。

图86　武器威胁（4）

在进行定位时，正确的手部位置十分重要，同时身体的后续定位也非常重要。与之前的情况相同，在被持枪威胁的情况下，首要任务是脱离攻击线。

意识到武器的危险因素是什么，也是防范武器威胁的基础。通常，士兵们都很清楚刀尖锋利、枪弹致命。但有时我们仍然能够在训练中看到一些极其危险的防范动作。在受到手枪或长枪威胁时，将自己的身体远离枪口是非常重要的。然而，在军用以色列格斗术中，还要额外注意枪口是否对准了自己的同伴。此外，这也适用于手持武器进行的军事训练。

在防范武器威胁时，正确的心态也很重要。一旦"我"决定做出反应，"我"就必须做到。在遭受持刀袭击的过程中，被刺伤的可能性非常高，但第一时间死亡的可能性则相对较低。由于在防范期间肾上腺素激增，受害者通常会在短时间内意识不到自己的受伤状况。这也是在场景练习中扫视周围情况并检查自己身体的一个重要原因。这项练习的主要目的是控制住武器或持有武器的攻击者的手，而不可通过改变攻击者的抓握方式甚至利用技巧使之丢掉武器。当手持武器进行训练时，武器要时刻指向攻击者的方向，而不是自己的战友，这一点也是非常重要的。

前文中的基本训练是这项练习的基础。如果士兵已经把双手放在对方的肩膀上，则可运用以色列格斗术技巧用膝盖对其进行攻击，或用头部撞击对方。接下来，是否要解除对方的武装就取决于具体情况以及具体的武器威胁和态势。一般来说，应当拿走对方的手枪或步枪。如果对方使用刀具，则应当与之保持一定的距离，以便夺取他的武器。对于专业的武装人员和士兵而言，在自身持有武器的情况下，通常会使用自己的武器而不是攻击者的武器。

图87　武器威胁（5）

在军用以色列格斗术中，防范武器或解除武器威胁的情境练习还包括战术训练。它包括在考虑到空间条件、限制和人为压力（例如黑暗的环境和吵闹的音乐）以及威胁类型的情况下，针对个人或团队的解决方案。

培训课程可以进行综合规划，也可以根据个人训练因素来安排，例如时间、速度或团队合作等因素，甚至可以单独作为个人健身训练来进行。重要的是，在每节训练课程结束前，士兵都应当将整节课程的内容与现实

图88　武器威胁（6）

情形相互联系，并且认为它是实际和严肃的："它可能在我的现实生活当中发生！"

第三方：保护同伴或团队的战术行为

第三方保护，即军用以色列格斗术中的对第三方进行保护，它不仅是完成针对个人的保护任务，还关系到每个士兵的基本责任。

图89　第三方保护（1）

图90　第三方保护（2）

在上图的场景中，攻击者使用木制的板条来威胁士兵的同伴。两名防卫队员都配备了武器，但如果直接使用武器，则可能激怒攻击者，从而导致他使用板条伤害受害者；同理，在某些情况下贸然行动可能会致使攻击者用刀刺伤或用枪击中受害者等。受害者应想办法吸引攻击者的注意力（例如"哭泣游戏"），当攻击者的注意力转移到受害者身上时，另一名士兵则移动到相对有利的位置。这名士兵将受害者（即他的同伴）移开攻击线，同时抓住攻击者的武器，以对其进行控制。

图91　第三方保护（3）

在这一系列动作过程中，被保护的同伴移动到了一个更好的位置，同时也拔出了武器。这是一种战术性行为，他这样做能够使第三方脱离攻击线并摆脱危险境地。

之后，士兵及其同伴都会处于优势位置，然后就可以各自扫视周围区域，寻找是否有其他攻击者。他们二人都学会了作为一个团队来沟通和管理冲突事件，这应当是所有军事近距离战斗训练的一部分。

课程结束时的学习内容总结

正如我在前文中所提到的，学习技巧以及策略的总结是每一节以色列格斗术课程的重要组成部分。在一天的学习结束之前，士兵必须要清楚他做了什么、为什么这样做；它并不总是必须合乎逻辑的，但它必须是合理的。

10.3　迈克·迪尔——心态决定一切

心态决定一切……或者说"我"如何在心理上准备一场战斗？

在我担任特种作战培训中心教练期间，我每天都会问自己一个问题：我是否能让信任我的学生为战斗做好准备？要知道，他们在战斗中是要与死亡和伤痛做斗争的。

根据我的经验，答案往往既有"是"又有"不是"。

人类是不可预测的。许多突然的、犹豫不决的行为、潜意识的犹豫以及人类的压抑，可能会导致战斗的失败！

但在某些情况下，自信心是可以得到训练的。行为可以根据适当的情形进行描述，而快速行动反应和决策是可以被"逼"出来的。

对我来说，做好心理准备是在对抗中求得生存的最重要的手段，而且应当被一直坚持，这样才能以胜利者的身份生存下来。

但只有当战士清楚心理压力会导致怎样的生理反应时，它才会起作用。这些反应是由我们的生物进化引起的。

这种生物进化发生在过去，人类一直在为生存而斗争。他们与他们的捕食者和敌方部落竞争。只有胜利者才能够养活他们的家庭和部落，保护他们并传递自己的基因。

人类必须能够战斗或逃跑。这就是"战斗或逃跑反应"的由来。

而在这种特殊情况下，我们会发生怎样的变化呢？这种变化过程总是相同的。

我们产生肾上腺素，这种应激激素会干扰我们的系统循环，阻碍我们的血液流通，有时会导致自发性排泄，加速我们的呼吸和脉搏，损害我们的精细运动技能，并导致我们丧失部分思考能力和听力。

这种反应对士兵来说就和街头打架一样。

我们的身体会本能地对危险做出反应，因为我们最珍贵的财产——我们的健康和生命都受到了威胁。自然赋予了我们最强大的力量，却牺牲了我们的精细运动技能。这些本能和反应并不是为了执行诸如操作武器或使用格斗技术等精细运动而设计的。

因此，针对于此的关键词就是练习。进行密集的练习和频繁的动作顺序的重复，直到它们成为运用以色列格斗术时的本能。仅仅了解这些技巧是不够的，因为我们往往会在压力下将其遗忘。

运动学家称，能够真正成功地完成复杂的运动任务需要多达5000次的重复。机械化的练习可以使人们在战斗的压力下更容易回想起动作。

执法型以色列格斗术——值勤时的自我防卫

11

执法型以色列格斗术——值勤时的自我防卫

图92　执法型以色列格斗术（1）

目前的研究表明，针对服务人员（如警察、司法人员和消防人员）的暴力袭击数量日益增多。因此，他们希望通过自我防卫训练来保护自己或防范此类事件的发生。在过去的几年里，以色列格斗术课程的专业用户数量不断增长，特别是执法人员，无论是在执法型培训课程还是民用课程中，执法人员已经在参与者中占了很大比例。然而，执法型以色列格斗术与民用和军用以色列格斗术课程有着很大区别。

执法型以色列格斗术是防御性的自我防卫，它适合于服务类人员。它的挑战之处在于，参与者通常不能像平民以色列格斗术中描述的那样逃跑。从战术上讲，他们无法摆脱自己可能被召唤的情况。在攻击者被关押之前，他们也不能使用军用近距离格斗中的技巧削弱攻击者的能力。

对于平民来说，面对攻击者的解决办法是逃跑或脚踢对方的裆部，而在军事领域的解决方案则是用力击打对方的咽喉部位，使其永久性地丧失行动能力。但对于服务人员而言，这两者都是不可行的，相反，服务人员必须尽可能地减少对攻击者的伤害，将他扣留，然后带走。此外，服务人员还会遇到一些比平民和军事领域更多的其他问题，例如对方喝得烂醉或受到毒品的影响、周围有许多旁观者、一切都要时常采用手机记录等。

　　在我看来，针对执法型以色列格斗术的培训是相当困难的，因为练习者必须在不过分使用武力的情况下拘留攻击者。

　　培训的目的是为服务人员提供简单的方法来抵御各种类型的攻击。培训的内容包括以色列格斗术自卫技巧及扣押与逮捕的战术组合，以及押送技巧。练习时，使用一般道具（比如手电筒）作为面对一名或多名攻击者时的攻击道具进行练习也是培训的一部分。此外，课程还包括保护第三人（即保护同事或病人）的技巧。

　　同时，课程还包括在冲突情况下的交流、肢体语言、战术行为、自我防卫时的团队配合、攻击期间的行为、身体受到攻击时的摆脱技巧，以及在不利条件下（例如灯光暗或无光照）的紧迫局面中近距离自我防卫技巧和紧急救援技巧等内容。所学的技巧取决于练习者的进步程度，此外，要优先考虑到在无伤害训练中的学习效果。课程中还应包括汽车防御训练的内容，即在汽车内外的自我防卫技巧。

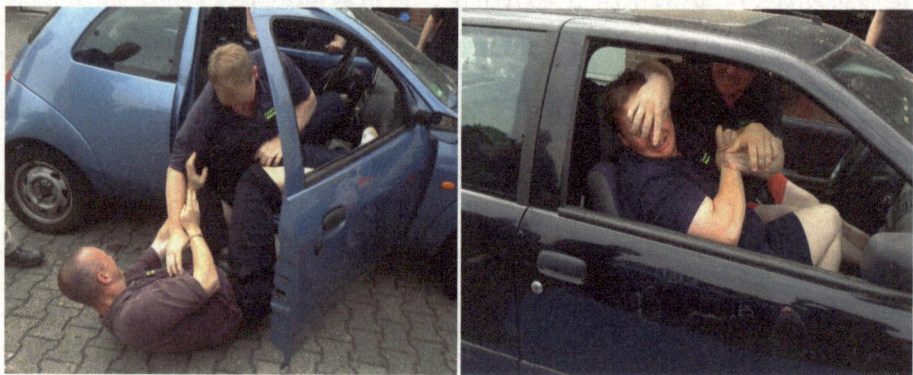

图93　执法型以色列格斗术（2）

11.1　通过实践指导完成培训

与军用以色列格斗术类似，服务人员的练习内容大多是基于实际情景的。但与士兵们不同的是，对于大多数高强度训练的参与者而言，这是他们日常职责的一部分，而且他们更有理由在普通场馆之外进行执法训练。当然，所有的技巧都可以在场馆的安全范围内进行学习和实践。

图94　执法型以色列格斗术（3）

培训应当尽可能地在实际情境中进行，例如在服务车辆旁，在一个（模拟的）部署地点，比如一个酒吧或一个迪斯科舞厅，或在一个体育场馆内。培训的目标是使执法参与者尽可能地接近实际行为，以确保他们在执法时能够回想起正确的动作，以及在课程结束前的"aha"效果（即为什么"我"做某事，以及"我"需要什么）。

与军用以色列格斗术的培训相反，执法型培训不应使参与者达到体能极限。战术行为训练以及采取战术行为前对情况进行准确的评估，在训练中起着至关重要的作用，因此也应当通过角色扮演来进行练习。仅就个人而言，或作为团队的一分子，"我"要如何应对一名具有侵略性的对手？"我"应当如何正确定位自己？在不说话的情况下如何与同事之间进行协调？何时行动将对方抓获？团队中的哪些人会出现什么状况？尽管执法型以色列格斗术培训通常是团队培训，但应强调的是，虽然你可以与队友相互依赖，但你也要依靠自己，并且必须能够自主处理。

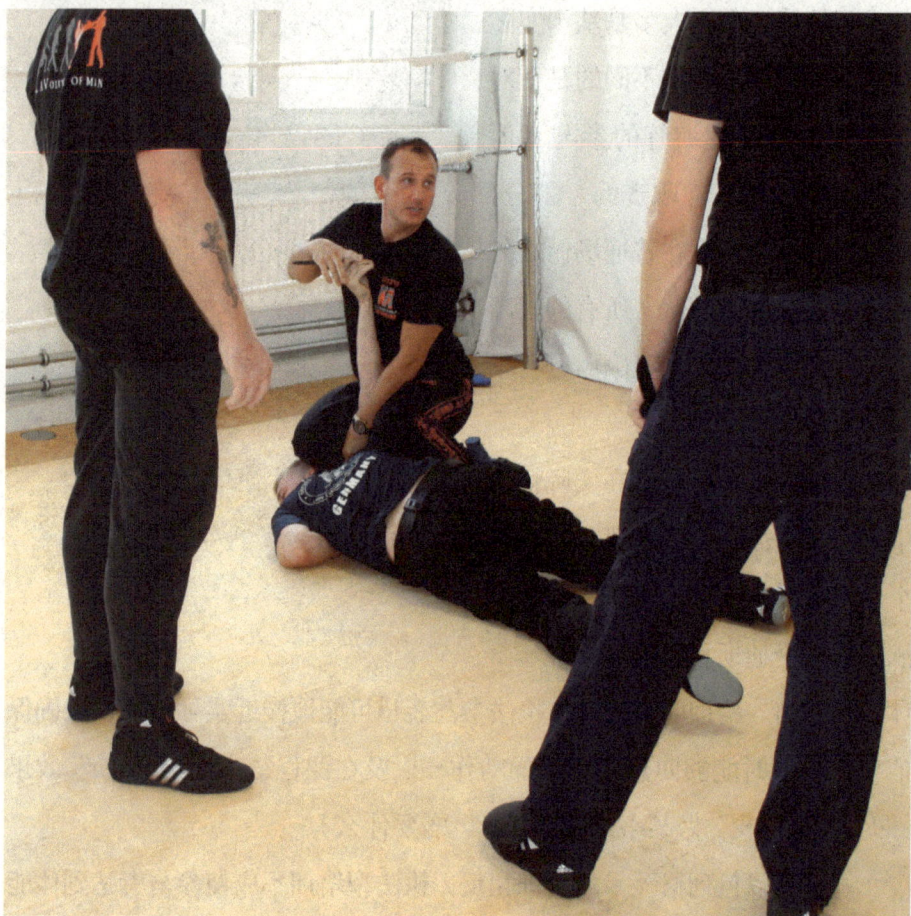

图95　执法型以色列格斗术（4）

　　如果我只学习了如何将某人固定在地面上，或者只能与他人一同将其带走，当我的同事正忙于其他要务、不能及时帮助我时，在这种情况下，我会束手无措。同样的，如果我只在演练环境中，在对方队友的配合下学会了使用手铐，那么在我突然只身一人，且对手正在顽强抵抗，试图拔出他的秘密武器，或试图夺取我的武器时，之前所训练的内容也是没有用处的。新版的执法型以色列格斗术培训课程涵盖了这些课题。此外，它还会根据实地调查结果不断完善。任何事情都不会因为某一种惯用的方式，或者过去有人教过的某种方式，而规定了它只有这一种方式，如果某一种方式不适用于紧急情况，那么还可以另辟蹊径。当然，这项原则不仅适用于执法领域，它还适用于各种领域的以色列格斗术培训课程。

就如在正式版的军事以色列格斗术中规定了7米的枪击距离，即举起武器或进行射击的距离，但在这里，我们不能简单地依赖7米这一规则，通常警察在受到攻击时都不会距离那么远。

此外，如前所述，还有一些可能的情况是攻击者被大口径武器多次击中，但仍由于肾上腺素激增或药物的作用，继续用刀刺防卫者。执法型以色列格斗术培训除了优先考虑自己准备开火以外，还要讲到这种可能性。无论出于何种原因，这种情况不会发生得那么迅速，因此防卫者必须要准备好在没有开枪射击的情况下用冷兵器自卫。

这种冷兵器并不一定要是自己的武器。特别是在执法训练中，要抓住自己能够触及的任何相关物品，例如手电筒、救护车上的医疗包，或者皮带上的刺激性喷雾等。降低战斗范围和强度是此处要优先考虑的事项，同时也要为任何时候都可能发生的攻击做好心理准备。角色扮演能够很好地锻炼这种思维方式，无论有没有武器，都应先让受训人员做好准备，因为攻击距离或简单的机械故障可能导致武器无法使用，所以我们必须采用另一种方式来保护自己。要意识到一场战斗可以在没有明显原因和毫无征兆的情况下爆发，这与民用以色列格斗术的训练相反，民用以色列格斗术倡导提前意识到危险并避免危险。

11.2   基础练习

距离小于2米

脚踢

执法型以色列格斗术不同于民用以色列格斗术，执法人员的动作可能会受到诸如防弹背心或勤务腰带等装备的限制。

图96   执法型以色列格斗术（5）

从原则上讲，高踢腿动作（即踢对方的裆部）是被禁止使用的。针对裆部的踢腿动作也比较少。此外，在军事训练中含有命中要害的踢腿动作或用膝盖踢对方大腿部位的动作，这些动作都来自跆拳道中的下段踢击，而它们在执法型以色列格斗术中也是被禁止的。执法型以色列格斗术的目的不是要形成一种竞争的局面，即反复踢击对方同一个部位以战胜对手，而是要尽快地结束战斗。因此，踢击对手肌肉的目的并不是为了击败对手，而是消耗对手，以采取实际行动（即解除武装或扣住对手）。

　　回旋踢是需要避免使用的动作，因为如果动作不连贯或者不旋转，脚会继续移动，可能会影响防卫者快速返回基本位置。我们绝对不要让自己的背部对着对手。因此，在执法型以色列格斗术中，可使用以下几种踢法，这几种踢法的目标是攻击者臀部以下的部位，或是高于攻击者胃部的部位。

图97　执法型以色列格斗术（6）

距离小于1米

击打

无论手中是否持有武器，如果对手与"我"的距离过近，"我"就无法再使用脚踢了。因此在执法型训练中，我们要练习掌击，即用手掌的一侧击打对手。这种方式看起来不那么有攻击性，可以直接在防守时的被动立场中使用，并且能够减少对公务人员的伤害（特别是一些非专业拳击人员或没有护手的人员，如果运用拳击，有时他们会比对手遭受更大的伤害）。此外，掌击是一种非常好的击打方式，它的效果与拳击相同。与军用以色列格斗术不同，执法型掌击不会直接击打对手的脸部或鼻子，因为我们的目的不是伤害对手，而是将其带走，在理想情况下，对手是不会受到严重伤害的。因此，掌击对方的耳朵部位不仅十分有效，还可以节约必要的时间扣押并带走对手，同时也无须过分使用武力。

在执法型以色列格斗术中，一般来说，攻击的作用应当只是起到震慑效果或者拉开距离，因此，多次攻击（即对同一名攻击者进行多次击打）仅出现于某些特殊案例中为实现自卫的情况。前文中所讲到的内部防御就是一个很好的例子，依照同样的方式，用整个手掌攻击对方的面部，使其无法行动（注意手指不要张开），然后运用关节技将他放倒。

图98 执法型以色列格斗术（7）

图99　执法型以色列格斗术（8）

　　此外，击打还包括锤式拳。在手持武器的情况下，无论击打的方向是侧向的、水平的还是垂直的，它的运用距离都比常规的击打更近，因此"我"与对手之间的距离也就更近。如果"我"因距离原因无法撞击或脚踢对方，"我"就可以使用肘击或膝击。此处的肘击与锤式拳类似，也分为水平的、垂直的、向后的、向前的、侧向的或向下的。

图100　执法型以色列格斗术（9）

在以色列格斗术中，还有一项必不可少的练习内容，就是如何正确地转向对手。"我"在用手臂遮挡脸部的同时，要做到不阻挡自己的视野，然后再转身。如果"我"意识到对方要攻击"我"，就用肘部进行防御。如果对方离"我"距离较远，"我"则使用锤式拳对其进行攻击，同时转向对手（在练习中进行模拟），然后保持防御姿态，或者至少做好防御的准备。

在某些情形中，执法型以色列格斗术的一个重要组成部分是对对手的关节使用关节技，但在这种情况下，你必须一次性制服对手。

图101　执法型以色列格斗术（10）

如前所述，在课堂上一般都是采用与执勤时相同的装备来进行练习的，并且总会有强的一方和弱的一方，同时会有一定的压力；有时会有多名攻击者围攻，有时还会受到旁观者的影响。

这些旁观者是训练的重要组成部分。

在执法型以色列格斗术中，最重要的是掌握预防和战术行为，以及与距离相关的必备防御工具。在每个动作结束时，都要环顾四周，也必须检查自己是否携带可用的工具。首先要清楚自己是团队中的一员。执法型以色列格斗术课程最好在至少有两名队员为一组的团队中进行。每名队员必须知道他在什么时候应该做什么，然后再开始实际的技术培训。

图102　保护你的同伴

11.3　技术案例

本节所涵盖的攻击的技巧与描述并不完全、详尽，仅包含部分针对服务人员的以色列格斗术教学案例。书本上的理论始终无法代替实践，但它可作为教练的辅助教学工具，并可使执法型以色列格斗术课程更加结构化，避免仅使用单一的技巧；同时它还将民用自我防卫、军用自我防卫乃至军用近距离格斗区分开来。

针对360°外部攻击的360°外部防御

外部防御的例子包括了从相对无害的击打到用刀具进行的外部攻击。在执法训练中，"我"的手中可能持有工具，此处用手电筒来举例。与民用版本的训练类似，"我"阻挡了来自下方的刀刺，并用手电筒猛击对方。同时，"我"将臀部向后移动，尽可能地用这种方式来减小身体可能受到攻击的面积。

图103　360°攻击（1）

在民用版本的训练中，"我"可以将对手推开，然后尽力逃跑，但在执法型以色列格斗术中一般不会这样做。由于攻击可能会发生多次，并且攻击者会进行多次猛击，所以"我"要注意他持刀的手，并尝试控制它。

"我"可以同时攻击他的后脑勺和膝盖，将其迅速击倒在地板上。

图104　360°攻击（2）

　　下面这个例子也较为相似，攻击者手持一把刀从上方攻击"我"。在这种情况下，"我"从侧方抵挡攻击，同时使自己的身体和头部脱离攻击线。

图105　360°攻击（3）

在练习过程中，不必特别在意是否适当地做出反应。"我"会本能地使用"我"手中所持的任何工具（例如手电筒或武器）。

此处的例子与先前的不同，在运用这种技巧时，"我"的目的是创造适当的距离并做好战斗准备。一般来说，执法型以色列格斗术课程的重要组成部分包括防御和行动两种类型。在第一种情况下，"我"进行反击，同时扣住攻击者；而在另一种情况下，"我"也进行反击，但我处在一个不太有利的位置，无法扣住攻击者，因此"我"需要创造合适的距离，然后再采取行动。在受到攻击之后，哪种类型的行为比较合适通常不是由教练决定的，而是取决于执法参与者。

针对直接攻击的内部防御

图106　内部防御（1）

在教学时，教练须首先对需要使用的手枪套进行处理，因为许多服务人员认为自己的武器一般来说都很安全。因此，必须在课堂上使学生有正确的认识。

图107　内部防御（2）：尝试强制夺取武器

图108是一名警务人员在受到刀刺攻击时手持武器进行防范的例子。无须讨论不进行射击的原因，因为可能会存在各种各样的因素，比如火线问题、武器失灵等。在本例中，这名防御者运用内部防御立即进行反击，并进行规划，同时使身体远离攻击线，然后使用手中的武器，以相应的攻击类型和攻击强度进行反击。这里要做的不仅仅是攻击，还要注意不伤害到攻击者。

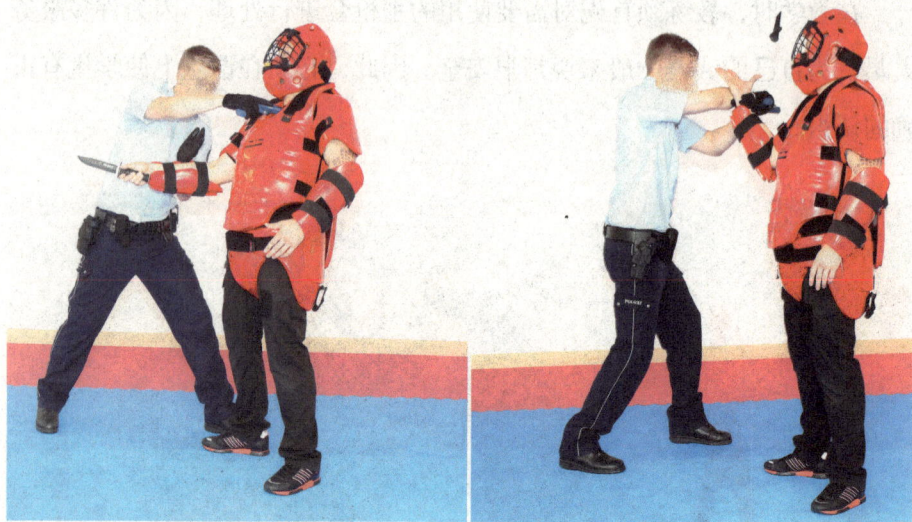

图108　内部防御（3）

图109　内部防御（4）

枪械威胁

除了刀具的威胁和攻击外，枪械威胁也是执法型训练的一个重点。类似于前文所描述的内部防御，这个例子展示的是来自前方的枪械威胁。

图110　枪械威胁（1）

前文中所讲到的儿童游戏"帕蒂蛋糕"也可以在此处用作训练正确距离和所需速度的基础。对于此类威胁来说，重要的是在压力下的正确行为，也就是不要过快地做出反应，而要保持理智，在正确的距离进入合适的位置来保护自己。这也同样适用于来自后方的枪械威胁。首先，"我"必须确定武器在哪里，更为理想的是"我"能感觉到它对准的是"我"身体的哪个部位。

如果"我"有自己的武器，"我"自然会使用它。在技巧运用结束时，还要扫视周围是否有其他攻击者。

　　如果在团队中，则由另一个人负责检查该区域是否存在其他攻击者；当他的同事发出已经控制好局面的信号之后，方可进行检查。

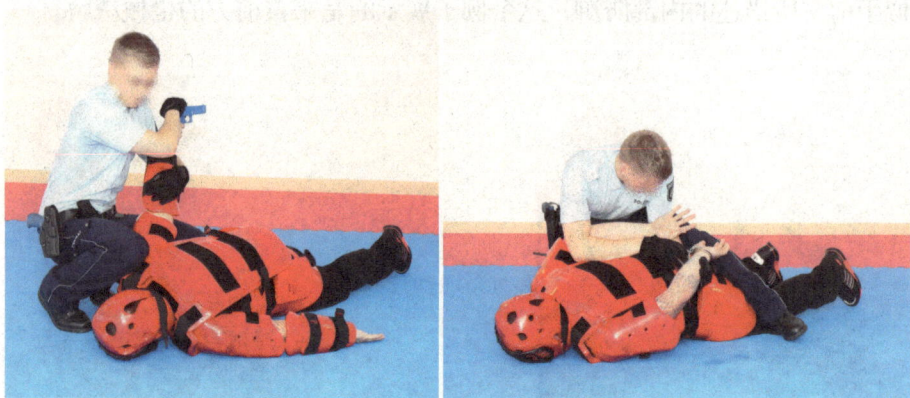

图 111　枪械威胁（2）

团队合作及保护第三方

　　在执法型训练中，保护第三方是非常重要的一部分。与军事训练相反，此处的重点不仅是保护自己的同事，还包括其他需要保护的人。

图 112　团队合作（1）

在图112和图113中，一名队员的同事正受到棒球棒的威胁。防卫者在该同事身后移动到一个战术优势位置，并在适当的时刻将他移开攻击线。

该同事现在可以根据情况采取安全措施或实施帮助。在完成这项技巧之后，两人都处在一个自我保护的优势位置。

图113　团队合作（2）

身体攻击

不同于军事训练，执法型训练中的身体攻击较为常见。实际上，在执勤的时候，经常会遇到被人抓住衣襟甚至直接进行身体攻击的事件。

图114　身体攻击（1）

在图114中，攻击者抓住防卫者的衬衫，而防卫者同时护住自己的武器和面部；这时，攻击者很有可能用头撞他或抓住他的颈部。

　　首先，"我"必须摆脱危险的情况，推开或远离对方对"我"造成威胁的手，同时，迅速地用手指猛戳对方的胸骨上窝。这样会对攻击者造成很强的打击，并阻碍其立刻进行下一步攻击，在此期间，防卫者可以移动到更具优势的位置，其目的不是为了重伤攻击者，而是创造必要的距离。这是一个较为柔和的解决方案。根据情况和攻击强度，更柔和的解决方案可能不适用；如果攻击程度更强，反应也会随之更剧烈和强硬。

图115　身体攻击（2）

图116　身体攻击（3）

　　在执法训练中，应全方位地采用各种办法，在手持武器或不持武器的情况下进行所有可能的身体防卫。

　　需要强调的是，不要抱着与攻击者在地上摔跤来一决胜负的心态。相反，你的目标是制服他，从而扣押他。

图117　身体攻击（4）

最后，很重要的一点（对执法型以色列格斗术来说尤为重要）是在团队中以及实战演练中讲解各种技巧的原则。以色列格斗术学员和服务人员必须明白，过度的暴力会引发更多的暴力。

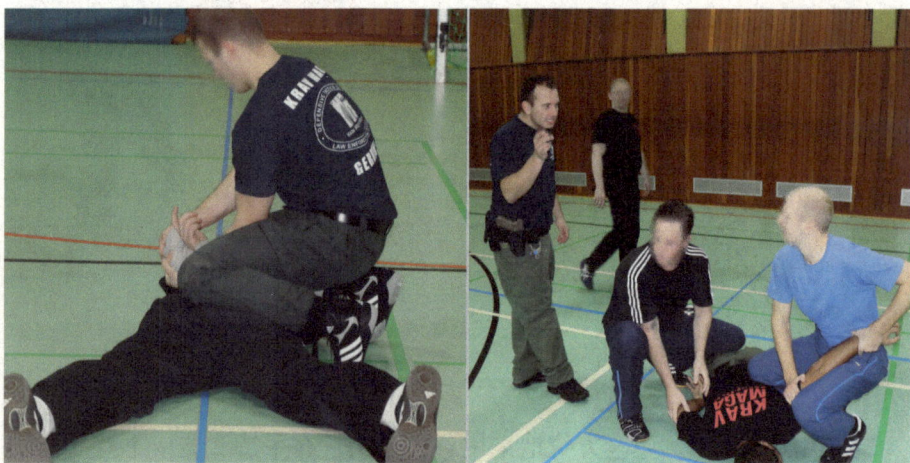

图118　合力扣押和固定住对手

当然，实战演练也可以在场馆中进行，但参与者必须随时意识到这些训练内容与他们的工作相关，并能够融会贯通。

图119　在场馆中进行实战演练

11.4　救援人员的自我防卫

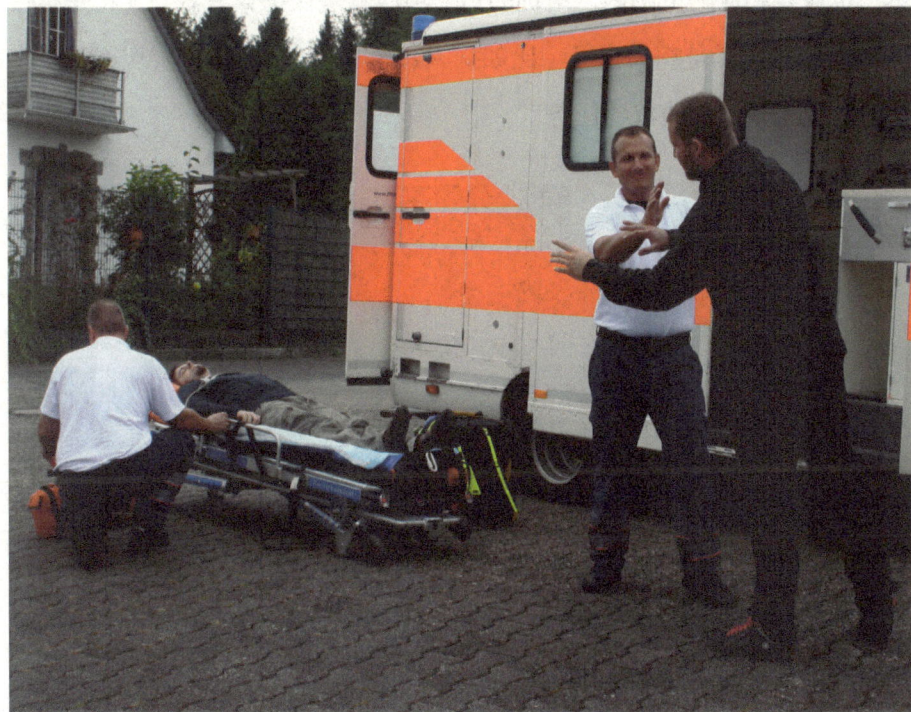

图120　救援人员的自我防卫（1）

　　救援人员和执法人员的区别在于，他们不进行武装，不会给病人戴上手铐，而且对攻击的心理准备不足。但他们在工作时几乎都处于危险之中，因为他们往往是事故现场的第一反应者。救援人员所遭受的暴力袭击也在不断增加。根据目前对这方面的研究来看，大多数救援人员都认为他们不仅遭受了言语虐待——这已经习以为常，而且遭受了具体的威胁，甚至是大规模的暴力。因此，执法型以色列格斗术为救援人员专门制订了培训方案，救援人员的人身安全应优先考虑。

　　培训目标是为救援人员提供有效和简单的方法，以保护他们自己免受各种暴力袭击，从而在自我保护和法律约束的范畴内使用自卫技术；当然，也应在相应的范围内。培训的另一项内容是保护第三者，无论是男性还是女性，或者是病人自己（比如病人自杀未遂）。预防和实现逐步减少伤害的发生是培训的首要任务。

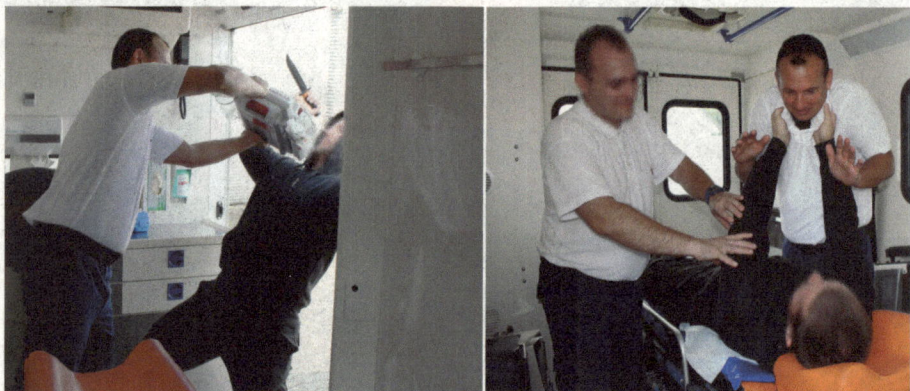

图121　救援人员的自我防卫（2）

　　与在常规课程中一样，在危险情况下，应适当做出反应，并对攻击者进行防御，同时根据实际情况灵活处理。合格的以色列格斗术训练最重要的一点是进行实战练习。

　　以色列格斗术课程应在团队中进行。此处的重点是要让训练变得丰富有趣，以一种有趣的方式使救援人员提高敏感度，并为他们提供预防、自我防卫和保护同事的选择，从而与自我防卫的严肃话题相结合。对于冲突管理的一般培训应包括具体的行动建议，特别是关于如何接近人的建议。

　　图122的例子展示的是两名队员共同抵御来自外部的击打（打耳光）的训练。他避开攻击，同时他的同伴将攻击者制服。当他发出信号时，即表示已经控制住了局势；另一名队员就会扫视周围的区域，寻找是否有其他攻击者。

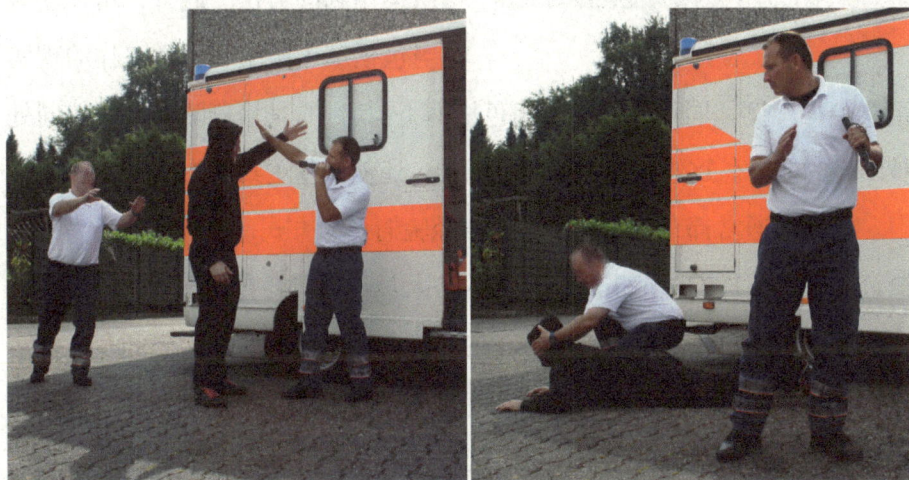

图122　救援人员的自我防卫（3）

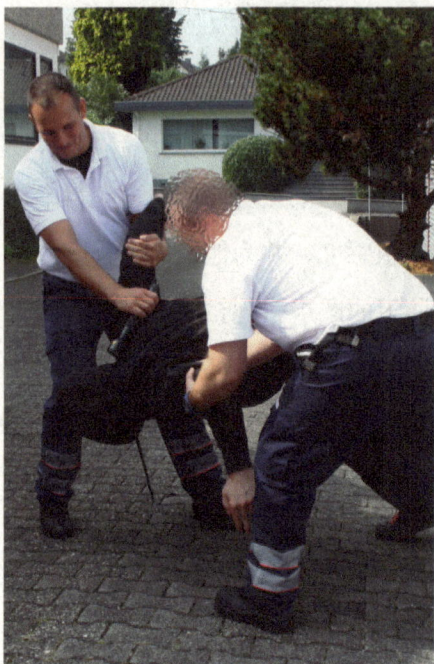

图123 救援人员的自我防卫（4）

团队中的战术行为和沟通也是以色列格斗术课程的重要组成部分。在同事发出信号之前，两名队员都不能放松警惕，要合力将对手制服。救援人员通常不携带手铐，因此，在警察到达并接管之前，要扣住一名潜在的暴力攻击者是较为困难的。

以色列格斗术技巧包含一系列用于制服攻击者的扣押方法和关节技，类似于警察在常规执法训练中所运用到的方法。此外，培训还应当包括基于经验和日常工作的现实情景模拟（例如同伴之间进行角色扮演）。其目的是培养队友之间协同处理困难的能力。这不仅加强了团队精神，还使课堂更具活力。

救援队通常都有一套基于其工作经验的行为方式，并且他们还为自己制订了各种各样的防范措施。几名救护人员告诉我，在训练期间，当病人出现攻击行为时，他们会在救护车的后方向同伴示意，然后急刹车，使病人稳定下来。这种方法是以色列格斗术的一种创新，它基于现存的方案和思路，并且在情况可控的条件下实施。

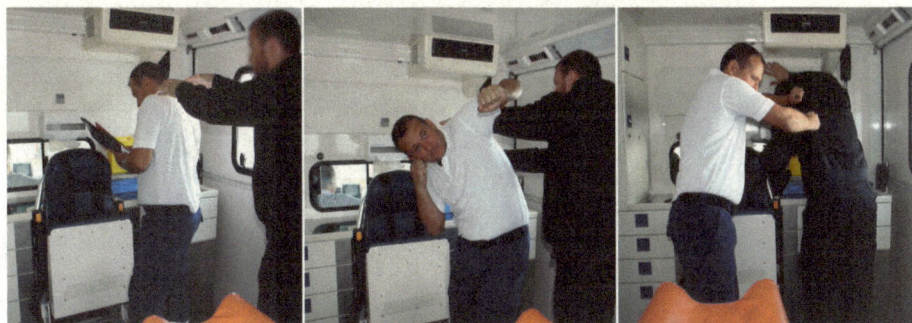

图124　救援人员的自我防卫（5）

图125　救援人员的自我防卫（6）

12

培训方案与教学结合

以色列格斗术理应与其他培训相结合，或与它们存在或多或少的关联。基于现实生活的自卫方式，即在现实条件下的自我防卫是教学结合的标准。例如，在军事和执法领域中，它可以与火器训练相结合；在救援人员的训练中，我们会教他们如何在训练有素的警犬帮助下工作。

图126 训练场景（1）：工作犬

在这种训练中，预防和战术行为是最重要的，同时还要意识到情况可能会发生变化，我们必须保护自己。

图127　训练场景（2）：行为培训及禁忌事项

由于以色列格斗术不断地发展和适应现代类型的攻击，近年来其需求稳步上升。这种现象不仅从各种供应商数量上的增加得以体现，还表现在以色列格斗术已经在以色列成了自我防卫的代名词。正如前文中提到的，良好且可持续的以色列格斗术课程包含创新性的教学方式，能使参与者有代入感，同时拥有良好的学习效果。

例如，当一名罪犯从你身旁经过时，他试图窃取你的手机，在这种情况下你需要进行防范。此时，我们不会着重讲解你要如何保护自己的手机，而是要使你意识到你面临的是一种常见的攻击类型，甚至每个人都可能会遇到。事实上，我教过很多次这类课程，它非常适合于练习战术行为以及防范直接攻击或外部攻击所需要做的内部防御和外部防御。

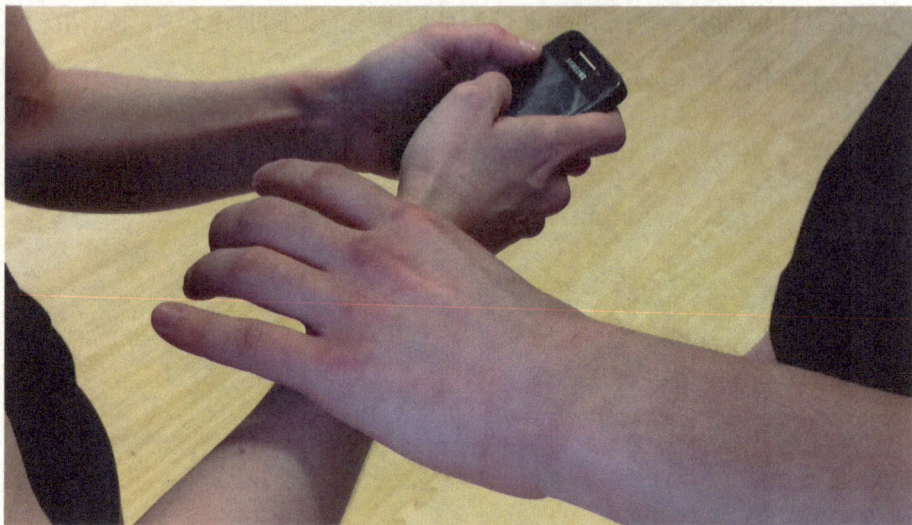

图128　训练场景（3）：有人试图抢夺你的手机

　　一般来说，训练应当在不同的地点和不同的条件下多次进行。它适用于所有领域。如果条件不允许，则可建立并打造自己的训练场所。

图129　训练场景（4）：酒吧斗殴，被刀抵在喉咙处

　　下图的训练场地是一间老旧但家具齐全的酒吧，里面有大柜子、吧台、椅子，还有台球桌。我们可以时不时在那里训练，这些课程不仅帮助我们加深理解，还可以让参与者体验现实场景。

图130　训练场景（5）：酒吧格斗

　　值得庆幸的是，我们目前拥有的两个训练场都配备有较大的开放区域。

图131 训练场景（6）：汽车内外的自我防卫

　　此类课程非常受欢迎，因为参与者们最为关注的是学会在日常生活中保护自己，以及紧急情况下的自我防卫。

图132 训练场景（7）：在飞机上劫持人质　　图133 训练场景（8）：沙滩上的自我防卫

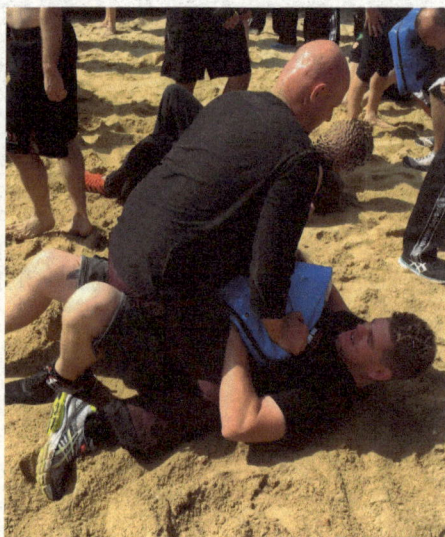

　　最后，除了扎实的技术资格外，对于优秀的以色列格斗术训练小组来说，重要的是不要忽视以下基本规则。

　　以色列格斗术课程取决于教练的创造力和能力，要使培训符合现实情境，也要关注相应的团体动态。以色列格斗术不是一项格斗运动，而是一种易学易用、有目的性的现代自卫方式，它必须在现实条件下实施。它以生动有趣的方式教会参与者防范当前类型的攻击，任何人都能以最短的时间学到最有效的东西。为了更接近现实，我们要在多种不同的情况下、在所有可能的环境中练习自我防卫，并且每一种技术都要在压力下学习，无论是战斗还是逃跑。

　　以色列格斗术及其自卫技巧和自卫方法仍在不断地完善。

图134　训练场景（9）：在公交车上劫持人质

图片来源

（以下为原版书信息）

封面及内页图片：　　　Carsten Draheim

第12页图片：　　　　　Nick Hein

第17页图片：　　　　　Yaron Lichtenstein

封面设计、内页设计：　Sannah Inderelst

编辑：　　　　　　　　Anne Rumery